POCHES PRATIQUE
ODILE JACOB

Manuel d'éducation à l'usage des parents d'aujourd'hui

DU MÊME AUTEUR

CHEZ ODILE JACOB

« Peut mieux faire ! », Remotiver votre enfant à l'école, 2001, 2003.

De l'enfant roi à l'enfant tyran, 2002, « Poches Odile Jacob », 2005.

Didier PLEUX

Manuel d'éducation à l'usage des parents d'aujourd'hui

Odile Jacob
pratique

15, rue Soufflot, 75005 Paris

ISBN : 2-7381-1794-5
ISSN : 1767-2384

www.odilejacob.fr

À Louis Casali, un Éducateur.

Introduction

Ne dramatisons pas ! Mais tout de même, j'ai bien l'impression que nous nous heurtons de plus en plus à des problèmes d'éducation. Sans parler des incivilités qui semblent s'amplifier. Il n'est pas un jour sans que j'entende ce leitmotiv : « Mais que font les parents ? »

J'accompagne des enseignants ou des éducateurs dans l'analyse de leur pratique et, bien vite, les carences éducatives des parents sautent aux yeux. À mon cabinet de consultation, la grande majorité des enfants et adolescents que je reçois ont un vécu commun : ils ont tous reçu un amour constant de leurs parents, ils ne souffrent pas de problèmes affectifs. En revanche, ils sont véritablement incapables d'accepter les frustrations quotidiennes : en premier lieu, c'est le refus des exigences scolaires, puis celui des contraintes de la vie en général.

Dans ce manuel, je n'évoque pas les cas liés à un contexte familial et social particulier ou traumatisant. Je m'intéresse à l'évolution d'un enfant qui ne pose pas *a priori* de problèmes, mais qui risque de développer des comportements inadéquats à certaines périodes clés, de la petite enfance à l'adolescence, si nous, les parents, ne sommes pas vigilants sur notre façon d'éduquer. Quand j'évoque les possibles dérapages vers l'omnipotence chez l'enfant, il ne faut pas confondre ces prises de pouvoir avec des comportements clairement liés à des événements plus ou moins délicats pour lui : nouvelles naissances dans la fratrie, entrée au CP, séparations précoces, accidents, maladies, hospitalisations, deuils.

VOTRE FAÇON D'AIMER VOS ENFANTS NE S'INVENTE PAS

Ce manuel ne saurait être l'avis de celui qui sait tout sur l'éducation pour que vous deveniez un parent parfait. Être parent est un art bien difficile, gardons une certaine humilité quand il s'agit d'évoquer les dysfonctionnements éducatifs. Soyons justes : pas un jour sans que nous ne cédions sur de petites choses avec nos enfants. Combien de fois n'avons-nous pas tenu nos décisions, sans parler des conflits inéluctables avec notre conjoint à propos de ce qui « aurait dû être fait ».

Un parent normal est un parent spontané, réactif, questionné, parfois perdu, souvent dépassé. Il n'est pas question de vous transformer en une sorte de parent-robot qui saurait appliquer telle ou telle formule devant tel ou tel déficit de votre enfant. Votre façon d'aimer ne s'invente pas, vos idées pour distraire, votre philosophie de la vie ne doivent pas être bannies. Si vous quittiez votre singularité, vous retomberiez dans ce que toute une génération, injustement qualifiée de laxiste parce que soi-disant soixante-huitarde, a si souvent décrié : bref, cette fameuse éducation répressive qui ne visait que l'obéissance et l'acceptation au détriment de l'originalité, de la créativité, de tous les particularismes. Sachons nous libérer des moules éducatifs, des carcans sociaux dont le seul but est d'annuler l'individu pour mieux l'intégrer aux attentes du corps social.

Les conseils de ce manuel ne veulent pas vous transformer en clones éducatifs : « Voilà ce que vous devez faire avec votre progéniture ! » Gardez vos talents propres, mais soyez vigilants : il vous faut bien observer ce qui est traditionnel chez l'enfant dans ses écarts, ses débordements et ce qui signe, selon moi, un développement narcissique exacerbé, pour être clair, un épanouissement total de son « Moi, Moi, Moi » au détriment des autres, et donc de vous, parents, en premier lieu.

L'éducation peut reprendre cette équation que nous partagions dans les années soixante-dix quand nous avions en charge de jeunes adolescents délinquants multirécidivistes : « Moi + Moi = Nous ! » C'est bien l'enjeu : développer son estime de soi tout en conservant le respect d'autrui, des individualités dans un contrat social. C'était bien l'idéal « soixante-huitard », loin derrière l'amalgame que l'on en a fait avec ce célèbre « Il est interdit d'interdire » des mouvements libertaires.

LA BONNE AUTORITÉ SANS RETOUR À LA RÉPRESSION

Lorsque j'ai écrit mon essai *De l'enfant roi à l'enfant tyran*, certains m'ont jugé sévèrement. Je faisais figure d'antijeunes, j'étais accusé d'avoir quelque peu forcé le trait. Mon propos n'était pas de qualifier tous les enfants et adolescents de « tyrans », mais d'alerter le monde des éducateurs sur un possible basculement de l'enfant simplement gâté vers des pathologies beaucoup plus lourdes : non seulement l'enfant quête inlassablement les bienfaits d'une vie matérielle riche, mais il va désormais s'attaquer à ceux qui voudraient l'en empêcher. Je ne souhaite évidemment pas un retour à des méthodes répressives, mais je poursuis mon hypothèse : si nous, adultes, ne tentons pas de stopper le développement de ce que j'ai appelé « l'omnipotence infantile », nous allons tomber dans la facilité des méthodes réactionnaires.

Pour contrarier ce principe de plaisir et d'omnipotence qui dicte sa loi à de plus en plus d'enfants et d'adolescents, je ne vois qu'un retour à l'*éducation*, à la reconnaissance de l'autorité parentale avec ses incontournables demandes, exigences et interdits. Pour confirmer cette autorité parentale, rappelons franchement qu'elle ne saurait exister sans sanctions.

« MOI, MOI, MOI » OU L'INTOLÉRANCE AUX FRUSTRATIONS

Ce mal de fin de XXe siècle et de début du troisième millénaire est-il nouveau ? Un collègue me faisait récemment remarquer que la « révolte » des jeunes ne datait pas d'aujourd'hui mais avait toujours fait l'objet des remarques des Anciens et ce, depuis que le monde existe. Mais, lorsque j'évoque les comportements de certains enfants et adolescents, je ne parle pas des attitudes de dispute, de confrontation, d'opposition si typiques d'un être en devenir qui s'interroge sur le legs de ses Anciens : ces conflits de génération sont nécessaires et participent à l'évolution de l'homme en général.

En revanche, quand il s'agit de l'intolérance aux frustrations, du refus du principe de réalité, il n'est pas question de déséquilibrer pour s'accommoder de nouveau ; comme le diraient les Piagétiens : l'objectif de l'enfant est de nier les adversités quotidiennes et de rester dans un monde nombrilique. Je n'ai rien contre les personnalités narcissiques, égocentriques, mais quand les dysfonctionnements atteignent le corps social, je ne suis plus d'accord. Dans la tyrannie infantile, je suis surtout choqué par la perte de ce que j'ai appelé le Lien Soi-Autrui.

LE COMPLEXE DE THÉTIS ?

Il n'est pas dans mon intention de créer un nouveau complexe ! Mais puisque la mythologie grecque a toujours eu le vent en poupe dans la psychologie classique, il m'a semblé intéressant de révéler un complexe qui m'apparaît tout aussi important que les autres, que celui d'Œdipe par exemple.

Le mythe nous montre les efforts de la déesse Thétis [1] pour rendre invulnérables ses enfants par l'expérience de la souffrance. Or, cela m'a frappé, beaucoup de jeunes que je reçois en consultation, en psychothérapie, ont un dénominateur commun : une excessive vulnérabilité à la réalité et à ses frustrations. Il n'y a qu'un pas pour poser cette question : sont-ils devenus plus vulnérables parce qu'ils font tout pour éviter le principe de réalité et ses contraintes ? Et nous, les parents, sans tomber dans les excès de la déesse Thétis, comment avons-nous participé à cette fragilisation de nos enfants ? Leur avons-nous épargné non seulement

1. Thétis est la mère d'Achille. Pour le rendre insensible à toute blessure, elle le plongea dans le Styx. Comme elle le tenait par le talon, celui-ci resta seul vulnérable.

toute souffrance, ce qui est juste, mais aussi toute frustration, ce qui est excessif ?

Lorsque je veux intégrer à tout prix des contraintes, du déplaisir, de la frustration au quotidien, c'est avant tout pour armer l'enfant devant les futures adversités de la vie. Je ne m'inscrirai jamais dans une philosophie de la fatalité ou du bonheur par l'abnégation et la souffrance. Si je tiens absolument à ce que nos enfants soient de nouveau frustrés dans leur éducation, c'est pour qu'ils redeviennent heureux. Car ils ne le sont pas. Ils ne savent pas que leur quête de plaisir immédiat, leur recherche d'hédonisme à court terme va à l'encontre de l'hédonisme tout court. Mon objectif est bien celui d'un Épicurien, ne nous trompons pas !

Et puis, vouloir le rendre moins vulnérable, c'est aussi construire l'enfant dans la résilience. Merci Boris Cyrulnik d'avoir saisi l'hypothèse de mon précédent essai : « L'autre surprise fut de constater que lorsqu'on satisfait tous les besoins de l'enfant, qu'on lui évite la moindre épreuve, qu'on le gave d'amour et qu'on l'entrave dans le filet de nos protections, on l'empêche en même temps d'acquérir quelques ressources de résilience[2]. »

2. *Le Murmure des fantômes*, Paris, Odile Jacob, 2003, p. 222.

COMMENT S'Y PRENDRE ?

> « Remplacer, chaque fois qu'il se peut, le "Pourquoi ?" par le "Comment ?", c'est faire un grand pas vers la sagesse. »
>
> André GIDE, *Journal 1925-1953.*

Le manque de savoir-faire est grand pour retrouver une autorité parentale et cela mérite de proposer quelques hypothèses. Le danger des « recettes éducatives » est réel, mais il est possible de tenter quelques réponses après avoir dénoncé le marasme éducatif actuel. Il faut interdire, retrouver l'autorité, certes, mais comment faire ? Comment éviter le retour aux bonnes vieilles méthodes ? Comment tenter une synthèse entre les acquis éducatifs et les nouvelles exigences ? Qu'est-ce que respecter, stimuler, accompagner son enfant mais aussi qu'est-ce qu'interdire, exiger, frustrer, sanctionner ?

Je considère comme acquises certaines certitudes éducatives sur l'estime de soi, la confiance en soi, le respect de la personnalité de l'enfant, la juste volonté qu'il s'épanouisse dans la vie en actualisant toutes ses capacités et en favorisant sa singularité. Mais beaucoup de parents se retrouvent impuissants quand ils doivent faire preuve d'autorité, déséquilibrés qu'ils sont entre les injonctions des spécialistes et leur propre vécu d'enfant.

Ce petit manuel tentera de vous faire retrouver votre libre arbitre en revenant sur beaucoup de croyances trop souvent perçues comme « vraies » en psychologie de l'éducation.

Les professionnels de la santé ont retrouvé un joyeux consensus quand ils parlent d'éducation. Pourtant lorsque je lis des revues ou des essais dits spécialisés, il me semble qu'il y règne une certaine confusion : retrouver une autorité parentale, interdire, exiger, voire sanctionner n'intervient clairement qu'en temps de « crise », quand la coupe est pleine. L'autorité serait l'ultime recours quand l'enfant est hors contrôle. En fait, parents, il vous est conseillé d'intervenir fermement quand les comportements du tout-petit vous exaspèrent, c'est déjà un bon conseil mais il n'est pas suffisant.

L'autorité semble toujours vécue comme « castratrice », elle ne pourrait être utilisée qu'à la dernière limite, quand toutes les autres stratégies (relationnelles, affectives, les stratégies « recommandées ») ont été usées. Le conflit parental, au bon sens du terme, c'est-à-dire la demande adulte, ferme et parfois autoritaire, porte encore de nombreux soupçons comme s'il était écrit : « À n'employer qu'à la dernière minute ! » Abonder en ce sens, cela revient à attendre au maximum, la permissivité est alors alimentée et peut nous faire craquer émotionnellement ! Désormais, il n'est pas rare d'entendre des spécialistes de la « relation » défendre une bonne fessée quand plus rien ne marche. Cette réponse émotionnelle signe pourtant cette impuissance parentale à imposer « avant » ses demandes, ses exigences, son territoire. L'autorité parentale n'est pas une arme de secours, c'est, conjointement avec le partage et l'amour, un outil indispensable de l'éducation.

UNE AUTORITÉ « HOMÉOPATHIQUE » AVANT LA CRISE

Pour moi, c'est en « amont » qu'il faut surtout intervenir. Il est nécessaire d'agir en temps de crise, bien sûr, mais il est incontournable d'asseoir son autorité parentale au quotidien, sans attendre les guerres. Cette prévention éducative favorise l'absence de conflits : en donnant des règles de vie précises, en les assumant fermement, en intégrant des moments de frustration au quotidien, par doses homéopathiques au début, nous inscrivons peu à peu l'équilibre nécessaire entre plaisir et réalité pour le futur épanouissement de l'enfant. Cette autorité-là traduit la volonté des adultes d'éduquer l'enfant dans cette harmonie entre lui et les autres, entre lui et la réalité tout simplement.

Le contresens psy classique : l'autorité est la sanction de la transgression d'un interdit. Non, l'autorité est avant tout la décision de l'interdit, son rappel constant pour une réelle intégration, l'éventuelle sanction ne sera que la conséquence des transgressions. Oui, l'autorité parentale est une attitude d'adultes dominants, elle traduit un pouvoir sur le plus faible et nous comprenons les craintes de certains après toutes ces années de castration éducative (avant les années soixante-dix). Mais l'autorité au sens noble est bien la définition la plus commune que reprend le Larousse : « Droit, pouvoir de commander, de prendre des décisions, de se faire obéir. » Et pour les plus réticents, rappelons que l'autorité n'est jamais issue du totalitarisme mais des contextes politiques plus souples.

Si donc l'autorité parentale suscite cette indispensable obéissance de l'enfant sans pour autant l'opprimer, elle retrouvera toute sa légitimité. Puisse ce manuel vous aider à retrouver le ton juste ! Je prends donc un risque en proposant une sorte de fil conducteur éducatif, en incluant la frustration par une attitude parentale conflictuelle au quotidien et en négligeant *a priori* l'histoire de chaque enfant. Cessons de lier l'éducation aux pathologies, ce que font souvent les spécialistes. En éducation, il existe des règles d'hygiène qui, me semble-t-il, se doivent d'être proposées à tous.

COMMENT UTILISER CE MANUEL

Le premier chapitre reprend quelques définitions sans être un exposé théorique exhaustif : c'est un état des lieux – où en êtes-vous ? Êtes-vous dépassés ? vos émotions dominent-elles votre éducation ? Mais vous pouvez aller au chapitre suivant en cas d'urgence !

Le deuxième chapitre nous parle des attitudes qu'il faut combattre dès que l'enfant est tout petit, des mesures que l'on peut prendre, même s'il nous semble bien fragile !

Le troisième chapitre est consacré à cette période clé où l'enfant sollicite le plus, provoque le plus, l'étape où le langage est déjà un outil redoutable, une époque où tout devient sérieux avec l'entrée à la grande école, les nouveaux apprentissages et les deuils de la petite enfance.

Le quatrième et dernier chapitre traite de cette fameuse « crise de l'adolescence » : est-ce trop tard ou pouvons-nous retrouver une autorité à la veille de son entrée dans le monde adulte ?

Vous pouvez donc lire en priorité les chapitres qui concernent plus particulièrement votre enfant mais n'oubliez pas : la perte, ou le regain de l'autorité parentale, n'est pas une génération spontanée, elle s'inscrit toujours dans le temps, comme les dysfonctionnements de nos chers petits !

CHAPITRE 1

Quel parent êtes-vous ?
Quel enfant avez-vous ?

Avoir du mal, être parfois perdu devant les comportements de nos enfants n'a rien de pathologique. Vous êtes parents, vous faites au mieux. Vous êtes parfois un peu trop spontanés, trop naturels, parfois un peu trop compliqués, trop cérébraux.

Mon souhait, vous l'avez compris, est bien de vous proposer une petite dose de professionnalisme – n'en déplaise à ceux qui prônent qu'être « Parent n'est pas un métier » – mâtinée de beaucoup de bon sens et de vos talents, de votre créativité et de votre sensibilité. J'insiste de nouveau sur ce point : j'évoquerai avec vous seulement les contextes éducatifs dits « conflictuels » et uniquement l'adaptation ou l'inadéquation de vos réponses dans ces moments de crise. Pour le reste, faisons juste un petit rappel des incontournables de l'éducation dite « positive ».

Le métier d'un parent ordinaire

LES NÉCESSAIRES ACQUIS DE MAI 68

À une certaine époque, la simple évocation du mot « Éducation » provoquait toutes sortes de fantasmes. Lorsque je m'occupais d'adolescents en difficulté pendant mes études de psychologie, nous avions l'habitude de nous qualifier « d'éducastreurs » et nous participions à ce soupçon si souvent véhiculé : l'éducation brise l'enfance. Et pourtant, nous savions l'importance de l'éducatif malgré notre fascination pour la recherche du « sens » : lorsque l'enfant dysfonctionne, provoque, transgresse et souffre au final, de quoi a-t-il besoin ? De limite à sa demande de plaisir immédiat ou d'une recherche du pourquoi, de bon sens ou d'une quête de la signification de telle ou telle attitude ?

Mais tout n'était pas faux dans nos soupçons à l'égard de l'éducation en général : nous n'avions connu que le régime d'une Éducation nationale (dans les années cinquante-soixante) qui tentait de poursuivre la volonté des décennies précédentes : faire de nous de gentils citoyens. Quant à nos expériences familiales, elles se traduisaient le plus souvent par une même attitude de non-communication : l'enfant n'était qu'une pièce rapportée, qui n'avait aucun intérêt en soi et qui devait évoluer comme tout le monde. Alors, bienheureuse révolution des années soixante-dix qui dénonça les abus de l'autoritarisme parental !

Il est hors de question de rejeter tous les acquis d'une volonté éducative centrée sur la « personne de l'enfant ». L'enfant est un être en devenir, il ne peut s'épanouir que dans l'amour, la confiance, la valorisation de son potentiel, l'accès à certaines informations, à certaines libertés, il se doit d'expérimenter pour découvrir ses vraies capacités, de multiplier les rencontres et les sollicitations pour ne pas s'enfermer dans un moule et devenir un petit clone social. Oui, l'enfant est un être à part entière, il était utile de lui redonner ses droits.

DONNER À SON ENFANT UNE FORCE INTÉRIEURE

Nos enfants ont été le plus souvent attendus et désirés : faire un enfant pour le rendre le plus heureux possible est bien entendu le souhait de tout parent. Nous voulons apporter ce maximum d'amour pour le nourrir affectivement et lui donner les forces requises pour entrer dans la réalité adulte.

Et pourtant nous pouvons, sans nous en rendre compte, l'affaiblir, le rendre encore plus vulnérable et le fragiliser devant le principe de réalité. Le plus souvent, les repères religieux ont disparu : notre futur homme ne pourra pas s'en prendre à la fatalité et ne se tournera pas vers les bienfaits de la Providence, en la priant ou en l'exauçant quand il rencontrera l'adversité. Le contexte social actuel de nos sociétés dites favorisées, de consommation, est souvent très dur derrière son masque de bien-être et de facilité. Notre enfant est le plus souvent seul, sans croyances ou idéologies, *a contrario* des générations précédentes, endoctrinées ou pas, qui avaient de nombreuses issues de secours devant les infortunes : de la prière à la révolte, quelle richesse devant la réalité frustrante ! L'avenir est toujours incertain, jamais très prometteur.

L'enfant de demain a donc bien besoin d'une force interne remarquable. La tolérance et l'acceptation de la frustration sont pour moi facteurs de résilience : elles permettent à l'enfant non pas une invulnérabilité mais une résistance aux aléas de la vie.

Mais en face de nous, nous avons fort à faire : l'économie mondiale a bien ciblé les jeunes proies. Tout est fait pour oublier les frustrations actuelles ou futures et les marchands de paradis tentent de transformer nos enfants en consommateurs de choix en leur vendant ce rêve impossible : la vie est avant tout plaisir. Nous, parents, nous nous sentons bien démunis devant le marketing international, mais voilà une raison de plus pour réintroduire dans nos foyers les interdits, les frustrations, les demandes et les exigences en général.

Notre seule façon de lutter contre les « vides », ces fameuses absences de valeurs, ces contextes de surconsommation délirante est bien notre possibilité d'éduquer. Éduquer, c'est avant tout résister au chant des sirènes des idéologies actuelles de consommation. La vie n'a pas à être « que » frustration (souvenons-nous des interdits judéo-chrétiens), elle n'a pas à être « que » plaisir non plus ! Le parent d'aujourd'hui se doit d'être éducateur pour ne pas laisser le « vide » ou les multinationales éduquer nos enfants. N'écoutons pas les autres parents qui cèdent et collaborent avec cette culture du plaisir immédiat, regardons plutôt les dysfonctionnements de leur progéniture. Résistons aux préjugés éducatifs : un enfant ne peut être heureux qu'extraverti, créatif et leader... L'introversion n'est pas une tare et s'inscrire dans la communauté sociale n'a rien de ridicule.

L'aujourd'hui exige donc de vrais parents, pas des copains permissifs et admiratifs.

CE QU'ÉDUQUER SON ENFANT VEUT DIRE

J'aide mon enfant à développer son estime de soi	*Et pour cela*
Il est autonome Il sait prendre ses responsabilités Il accepte ses points forts et ses points faibles Il connaît ses émotions, il les exprime Il a confiance en lui, il sait prendre des risques Il met en valeur ses qualités personnelles Il sait actualiser son potentiel réel Il est « affirmé » dans ses relations avec les autres Il a un « esprit sain dans un corps sain »	Je montre, je transmets un savoir-faire Je joue avec lui, je partage des plaisirs avec lui Je communique : j'affirme mais je sais aussi écouter, échanger Je connais ses capacités et je les stimule Je l'accepte dans ses goûts, son originalité, son tempérament Je renforce tous ses efforts pour s'adapter au réel

J'augmente son seuil de tolérance aux frustrations	*Et pour cela*
Il accepte le principe de réalité Il est moins fragile devant l'adversité Il ne pense pas qu'à son plaisir immédiat Il s'épanouit sans empiéter sur la liberté d'autrui Il est capable d'empathie, il reconnaît et comprend les sentiments des autres	Je pose des interdits J'exige qu'il s'adapte à l'école et aux règles sociales Je l'aide à tenir ses engagements le plus longtemps possible Je lui fais reconnaître les différences chez autrui Je lui apprends la générosité et la tolérance avec les autres J'attends de lui qu'il sache aider Je lui impose des exigences au quotidien Je sais le sanctionner justement

Êtes-vous permissif, autoritaire ou affirmé ?

Pas question de vous culpabiliser mais d'appeler un chat un chat. Si vous observez que votre enfant est rétif devant tout interdit, devant toute manifestation de l'autorité parentale, il va falloir s'en inquiéter pour mieux résoudre ensuite les inévitables conflits quotidiens. Mais sans vous figer dans des étiquettes, vous allez d'abord répondre spontanément à quelques questions : quel parent êtes-vous face à votre enfant ?

Je ne veux pas vous enfermer dans telle ou telle attitude. Quand nous traversons un moment de crise avec notre enfant, nous vivons tous des réactions émotionnelles fortes et oscillons de la plus grande passivité à une certaine agressivité, voire à une réelle colère. Et combien de fois n'avons-nous pas tenté de trouver l'explication aux débordements de nos chères têtes blondes en appelant au secours le livre sacré des interprétations « psy ». Bref, il n'est pas question de se taxer de permissif-anxieux, de colérique-autoritariste ou de cérébral-éviteur mais de surtout remarquer que nous remplissons rarement la dernière colonne de ce petit exercice – nous privilégions les deux premières attitudes, émotionnelles et intellectuelles au détriment de la plus réaliste et de la plus efficace : l'attitude dite « affirmée ».

DANS LES SITUATIONS DIFFICILES,
COMMENT RÉAGISSEZ-VOUS ?

OBSERVONS NOS RÉACTIONS !			
Quand votre enfant fait...	*Vous réagissez aux émotions...*	*Vous réfléchissez à la situation...*	*Vous restez affirmé, voire conflictuel...*
Il a 1 an, pleure dans son lit et vous réclame.	Vous ressentez son « manque » et le prenez dans votre chambre (anxiété). Vous le grondez, le menacez de punitions (colère).	À son âge, ses pleurs signent quelque chose, ce n'est pas un caprice.	Vous avez vérifié qu'il n'est pas malade, qu'aucun événement « spécial » n'est apparu, vous le laissez pleurer et refermez tranquillement la porte de sa chambre.
Il a 4 ans, ne vient dîner qu'après de nombreux rappels.	Vous lui supprimez son temps de « TV » pendant huit jours (colère). Vous redoutez la suite et lui promettez qu'il aura des pâtes ! (anxiété).	Vous vous souvenez qu'il vit période difficile : son complexe d'Œdipe expliquerait bien les choses...	Vous savez qu'il teste souvent votre autorité dès qu'il vit une exigence : vous la rappelez et annoncez la conséquence de son comportement : en retard pour le dîner, en avance pour le coucher.

Quand votre enfant fait...	*Vous réagissez aux émotions...*	*Vous réfléchissez à la situation...*	*Vous restez affirmé, voire conflictuel...*
Il a 9 ans et se bagarre avec ses camarades d'école.	Vous craignez qu'il ne subisse des enfants méchants et vous tenterez une surprotection (anxiété). Vous lui faites la morale ou le punissez sans chercher à savoir ce qui s'est passé (colère).	Il est en pleine socialisation, c'est normal, il doit se confronter aux autres et trouver seul la bonne attitude pour réguler son tempérament.	Après « investigation », vous lui demandez comment il peut réparer auprès des petits copains et lui apprenez à s'affirmer sans agressivité. Vous prévenez que s'il y a récidive, il y aura des conséquences : pas de jeux avec les copains s'il ne modifie pas ses attitudes.
Il a 12 ans et fait de nombreuses demandes de sorties.	Vous le moquez et vous décidez arbitrairement « pas de sorties avant ta majorité » (colère). Vous interdisez toute sortie par peur de son jeune âge (anxiété).	Il est entré sans doute dans « sa » puberté, vous pensez qu'il faut faciliter les rencontres et les expériences.	Vous êtes vigilant sur ses demandes : avec qui, pour quoi faire, en présence ou non d'adultes ? Vous décidez de faire de ces sorties un caractère exceptionnel au regard du jeune âge. Vous serez progressivement plus tolérant quand il sera plus vieux mais surtout si la maturité suit.

Quand votre enfant fait...	*Vous réagissez aux émotions...*	*Vous réfléchissez à la situation...*	*Vous restez affirmé, voire conflictuel...*
Il a 17 ans et veut une chambre en ville.	Vous cédez, pensant que cela améliorera vos relations si elles se sont détériorées (anxiété). Vous le prenez mal et acceptez sa demande avec un « foutu pour foutu, autant qu'il vive seul ! » (colère).	Vous voyez dans sa demande une volonté d'autonomie, qu'il est urgent de couper le « cordon ombilical », c'est une demande normale.	Vous avez évalué qu'il est encore lycéen, qu'il ne peut subvenir seul à ses besoins, il ne peut que rester chez vous pour l'instant. Vous lui dites que cela sera renégociable dès qu'il aménera un projet d'autofinancement et surtout que cette liberté sera liée à la réalisation du « contrat familial » actuel : résultats scolaires adéquats, aide à la maison, etc.
Vos exemples :			

NOUS ÉDUQUONS SOUVENT À L'ÉMOTIONNEL !

Je l'évoquerai dans chaque chapitre, l'émotion (négative, inadéquate et exacerbée) est le pire ennemi pour retrouver une autorité parentale. Notre autorité n'est sollicitée que lorsque la demande de l'enfant est saugrenue, disproportionnée, capricieuse. Dans ces contextes de minipassages à l'acte, nous sommes rarement dans l'anticipation et le calme affectif. Nous risquons, bien au contraire, de répondre « émotionnellement » et d'avoir

COMMENT RÉAGISSEZ-VOUS ?		
Vous ressentez...	*Vous pourriez penser...*	*Vous prenez le risque...*
De la colère	« Il devrait obéir ! » « On ne doit pas avoir ce genre d'attitude à son âge ! », « Il devrait être autonome. » « J'en ai assez de ses comportements ! » « Une telle attitude est insupportable ! » « Il va voir qui commande ici ! »	De faire de la morale, de menacer mais vous ne donnez pas de conséquences (sanctions). Il vit dans l'impunité. De sanctionner de façon disproportionnée. D'atteindre votre enfant dans son estime de soi et de le contre-agresser : il y aura escalade dans le conflit. *Vous pouvez basculer dans l'autoritarisme.*
De l'anxiété	« Je ne devrais pas le rendre malheureux, le frustrer... » « Je ne supporte pas les disputes ! » « Je ne veux pas rompre la relation. »	De vous inhiber, d'éviter le conflit, de céder aux demandes de l'enfant, de mal interpréter ce qu'il ressent (« il est malheureux »). *Vous pouvez entrer dans la permissivité.*
De la culpabilité	« Je m'y prends mal avec lui. » « Après tout il a tellement d'autres qualités ! » « Il n'a pas à payer nos frustrations de parents. » « Je ne dois pas répéter mes propres schémas infantiles. »	De « collaborer » en renforçant ses acquis, ses privilèges. Tout futur « conflit sera banni ». *Vous renforcez la permissivité.*
De la déprime	« Je ne suis pas un bon parent, je suis nul. » « Voir mon enfant comme cela est bien la preuve de mon incompétence. » « J'ai toujours raté mon relationnel. »	De vous sanctionner : fuite, retrait, inhibition totale, comportements d'autodéfaitisme. « Ma personnalité détruit mon enfant. » Vous serez tenté de trouver la solution ailleurs, de faire un travail sur nous... *Vous ne connaissez plus que la permissivité.*

des attitudes dictées par la colère ou notre anxiété. Bref, nous ne sommes pas capables d'asseoir une autorité sereine et affirmée. C'est normal !

Avant de mieux gérer les situations éducatives particulièrement stressantes, sachons reconnaître que l'émotionnel est bel et bien là. Et sans rentrer dans les détails, repérons que, la plupart du temps, nous majorons nos émotions par des pensées automatiques sous-jacentes.

Nos croyances et préjugés sur l'éducation

Nous avons tous des préjugés en éducation, *tous*, et pas seulement certains parents « intellectuels ». Après tout, nous aimons tous lire tel ou tel article de vulgarisation dans nos magazines préférés.

S'il me paraît important de soumettre à la question certaines affirmations, et je le ferai pour chaque époque ou stade de développement de l'enfant, c'est parce que je vois beaucoup d'entre nous se rigidifier dans des certitudes éducatives de plus en plus éloignées du bon sens commun. La vulgarisation des thèses « psy » a favorisé d'incontestables progrès dans notre perception et nos rapports avec les enfants, mais elle a aussi fortement contribué à l'imposition de croyances qui vont à l'encontre d'une possible éducation actuelle. Cette psychologisation de l'éducation était nécessaire dans les années soixante-dix, elle faisait le contrepoids indiscutable pour respecter l'enfant. Désormais, sans revenir en arrière, il est permis de vouloir « falsifier » (de remettre en question, de rendre falsifiables) certaines affirmations qui tiennent toujours le haut du pavé.

Étudions d'abord quelques croyances généralement répandues qui, selon moi, ne peuvent qu'inhiber notre volonté éducative, qu'exacerber nos réponses émotionnelles lorsque notre enfant ne répond pas à nos attentes (réactions de colère, d'anxiété, voire de dépression) et qui stimulent des attitudes souvent incohérentes : de l'autoritarisme à la permissivité.

« L'ENFANT EST NATURELLEMENT BON »

Il suffit de relire l'*Émile* pour réaliser le contresens si souvent entretenu de la pensée de J.-J. Rousseau. L'enfant n'est ni bon ni méchant lorsqu'il naît, il « est » en devenir, d'où l'incontournable médiation de l'adulte entre ses désirs et la réalité pour qu'il se construise en futur homme. Cette médiation entre Soi et les Autres s'appelle l'éducation. Croire que l'enfant se développera « naturellement » et de façon harmonieuse avec son environnement relève du plus grand des romantismes. Il faut apprendre le principe de réalité par l'éducation et ses expériences, ses interdits et ses apprentissages, l'enfant gère ensuite cette réalité avec sa spécificité quand il devient plus autonome, avec la maturité. Mais, même à la maturation, il faut souvent à l'adulte d'autres médiations, les lois, pour freiner les débordements égocentriques et tenter de maintenir le fameux lien Soi-Autrui.

« LA MATURITÉ VIENT PROGRESSIVEMENT AVEC L'ÂGE »

S'ils pouvaient évoluer positivement avec notre seul apport affectif et tous les biens matériels qu'on leur procure ! Voir son enfant maturer avec un minimum d'intervention, assister à son épanouissement dans un contexte harmonieux, non conflictuel, comme une plante que l'on prend soin de mettre à la lumière et d'arroser (tout de même !) mais qui finalement grandit et s'embellit sans trop de travail. Eh non ! le petit humain est certes avant tout un être social mais il n'est pas programmé pour le devenir naturellement. Le lien à l'autre, aux parents ou aux éducateurs dans un premier temps, reste la condition de son futur équilibre entre son principe de plaisir et la réalité. Et l'entrée dans des âges plus mûrs ou vers une majorité dite adulte ne traduira malheureusement en rien la réalité de sa maturité si le petit homme n'a pas été éduqué avant. Attendre que les choses évoluent c'est avant tout ne plus éduquer.

Ces deux croyances, *l'enfant est naturellement bon, la maturité vient progressivement avec l'âge,* peuvent nous conforter dans des attitudes parentales permissives ou pour le moins trop attentistes ou distanciées.

« L'AUTONOMIE DOIT ÊTRE LE BUT PREMIER DE TOUTE ÉDUCATION »

Il est essentiel d'acquérir un maximum d'indépendance pour l'avenir et de ne pas être à la merci des autres. En revanche, cet apprentissage de l'autonomie ne peut se faire aux dépens d'autrui. S'il s'agit d'acquérir des compétences pour privilégier avant tout notre liberté et épanouir notre égocentrisme, nous pouvons facilement oublier le but premier de l'éducation : harmoniser son potentiel avec celui des autres et donc favoriser le lien Soi-Autrui. Quand j'entends des réflexions comme : « Au moins plus tard, mon fils ne se laissera pas faire, il a appris à être autonome… », cela me laisse songeur quant au but : être indépendant pour s'exclure du lien social ou l'exploiter ?

Cette croyance, *l'autonomie doit être le but premier de toute éducation*, peut nous faire oublier qu'il nous faut aussi instruire les limites de l'indépendance et faciliter des attitudes éducatives. L'inciter à faire seul signe parfois notre tendance à ne pas nous contraindre en tant que parents.

« LE BIEN-ÊTRE MATÉRIEL ET AFFECTIF QUI ENTOURE L'ENFANT NE PEUT QUE LUI APPORTER DU BONHEUR »

Le confort physique et l'amour parental facilitent l'épanouissement de l'enfant mais ne sauraient être les seuls facteurs de bien-être. Il ne peut pas être question de toujours donner, le cocooning parental freine l'accommodation de l'enfant au réel et le fragilise devant les inévitables adversités du quotidien. Les enfants résilients qu'évoque B. Cyrulnik semblent avoir en commun ce vécu de grandes épreuves matérielles ou affectives dans leur vie. S'il serait douteux d'assimiler le futur bonheur humain avec des expériences de souffrance, il n'en reste pas moins qu'il pourrait y avoir un lien ténu entre l'intégration de la frustration et la résilience, cette capacité à accepter la réalité avec tous ses aléas.

Cette croyance peut nous inciter à éviter toute frustration pour notre progéniture et renforce une certaine permissivité.

« LA FRUSTRATION "CASTRE" LES ENFANTS.
LA VIE AVEC UN ENFANT NE DOIT PAS ÊTRE
CONFLICTUELLE MAIS HARMONIEUSE »

À cette croyance que toute autorité et que toute contrainte ne font qu'inhiber les particularismes et les individualités, il est temps de témoigner de ce que nous voyons de plus en plus dans nos cabinets de consultations : les enfants, les adolescents ou jeunes adultes qui n'ont pas expérimenté la frustration, qui n'ont connu aucune « autorité inhibitrice » sont le plus souvent très vulnérables devant la réalité. Le copinage parental non conflictuel n'a guère stimulé leurs compétences mais les a surtout fâchés avec la réussite scolaire, a bloqué l'actualisation de leurs capacités, les a rendus le plus souvent malheureux et omnipotents. *A contrario*, ceux qui ont connu des exigences, qui se sont heurtés à des valeurs parentales bien déterminées manifestent une personnalité équilibrée. La conflictualité éducative est une autorité vraie, elle sait demander, refuser, opposer, tout en sachant respecter, stimuler, protéger et aimer. L'autorité « castratrice », elle, ne faisait qu'exiger, tentait d'imposer pour mieux annuler en l'absence de toute reconnaissance et d'amour vrai.

Cette croyance parle d'elle-même : ne pas se frustrer quand on éduque est l'objectif de la permissivité.

« CONTESTER L'AUTORITÉ EST UNE ÉTAPE VERS LA LIBERTÉ INDIVIDUELLE »

Si, dans les années glorieuses (avant les années soixante-dix) de l'autorité castratrice, il était souhaitable de contester les rigidités éducatives pour renouer avec la liberté de chacun et éviter une normalisation outrancière, au XXIe siècle, en revanche, l'autorité ne saurait être vilipendée puisqu'elle est absente ! Réfuter l'autorité n'est pas s'affranchir mais s'aliéner lorsque le principe de plaisir est sans cesse recherché avec, inévitablement, son indissociable refus du principe de réalité. La liberté individuelle est un objectif mais ne saurait écarter l'acceptation des autres libertés. Bien souvent, cet équilibre entre l'exigence individuelle et le contrat social ne se fait que par apprentissage, conseil, interdit, par autorité et donc éducation.

Cette croyance, *contester l'autorité est une étape vers la liberté individuelle*, est le creuset de l'attitude permissive : désobéir est le signe d'une personnalité épanouie !

« UN ENFANT QUI A TOUT DOIT ÊTRE AFFECTUEUX ET OBÉISSANT »

J'entends souvent cette irrationalité : « Il a toujours eu ce qu'il a voulu à la maison, nous sommes des parents attentifs, affectueux, il devrait non seulement être heureux mais témoigner d'un peu de réciprocité ! » C'est bien souvent le contraire. Sans aller jusqu'à dire que la loi est inversement proportionnelle, je serais tenté d'affirmer que plus l'enfant est choyé, surprotégé, survalorisé, sans aucune contrainte, sans exigence éducative ou sans frustration, plus il risque de développer ce que j'ai décrit dans *De l'enfant roi à l'enfant tyran* : de l'omnipotence infantile avec non seulement un refus de toute contrainte mais aussi et surtout avec le désir d'annuler ceux qui s'opposent à sa toute-puissance, qu'ils soient des parents ou des adultes affectueux ou non. Il n'existe aucun lien entre le bien-être matériel et affectif de l'enfant et un quelconque sentiment de reconnaissance ou de réciprocité. Bien au contraire, le respect des parents et de l'adulte en général paraît s'inscrire naturellement lorsque les apports affectifs et matériels des parents sont équilibrés avec des exigences éducatives, des interdits et avec l'inévitable autorité pour les sanctionner s'il le faut.

« LE RELATIONNEL EST LA PIERRE ANGULAIRE DE LA CONSTRUCTION PSYCHIQUE »

C'est le corollaire de la croyance précédente : l'autorité parentale se doit de ne pas être dominante, il faut effacer à tout prix les rapports de force, l'enfant ne doit pas souffrir de cette inégalité de départ entre notre existence déjà bien assise et son fragile potentiel en devenir. Ainsi, pour gommer cette flagrante inégalité de l'enfant avec l'adulte, je vais m'efforcer de privilégier constamment la parole et damner toutes les attitudes autoritaires : exiger pour exiger, imposer mes valeurs sans les commenter ou les négocier. En revanche, j'accepte de privilégier « ma relation avec mon enfant » et n'hésite pas à quitter certaines demandes adultes, à rediscuter les décisions qu'il trouve injustes, à abandonner certains choix de vie qui semblent lui déplaire. Je doute toujours lorsqu'un enfant ou un adolescent m'assène ce fameux « Je m'entends bien avec mes parents ! » Si cette entente cordiale n'est que le fruit de verbiages, de démissions et d'abandon de l'autorité parentale pour préserver la « qualité de nos rapports à la maison », je l'appelle démission. En revanche, une entente qui se construit sur une véritable autorité me convient plus : « J'aime bien mes parents même s'ils ne sont pas toujours très sympas ! »

Cette croyance est la pierre angulaire de la permissivité puisqu'il y aura toujours des exigences et des interdits qui frustrent l'enfant, qui lui déplaisent et qui donc cassent, momentanément, la relation. Interdire une sortie à un enfant, jugé trop jeune pour s'en aller retrouver ses copains en ville, ne s'assortira jamais d'un « Merci maman de me protéger, tu es une bonne mère ! » mais plutôt d'un « Tu n'es pas sympa, tu n'es pas comme les autres, tu ne comprends pas les jeunes, etc. »

« NOUS SOMMES NOUS-MÊMES PRISONNIERS DE NOS PROPRES EXPÉRIENCES ÉDUCATIVES »

Nous répétons inlassablement nos propres expériences. Nous ne pouvons être des parents objectifs que si nous apprenons à nous débarrasser de nos vieux démons. Il serait donc impossible d'éduquer nos propres enfants si nous ne sommes pas au clair de nos schémas infantiles, de nos expériences et éventuellement de nos carences et de nos brisures. Il est sans doute judicieux de dire qu'il existe bon nombre d'attitudes éducatives qui signeraient la répétition d'attitudes déjà vécues dans notre enfance mais il reste à prouver que cette répétition est inéluctable, à moins d'avoir « fait un travail sur soi ». Toutes les victimes de parents autoritaires ne sont pas devenues des parents permissifs ou *a contrario* de nouveaux tortionnaires et tous les enfants d'adultes permissifs ne sont pas forcément autoritaires par réaction, ni laxistes pour reprendre leur modèle parental d'origine. Il n'y a pas de déterminisme là non plus, toutes les hypothèses sont ouvertes. La particularité de cette croyance c'est le fameux « On arrête tout, il faut se connaître avant d'éduquer ! » Et cette mère de me confier à la conclusion de l'entretien avec sa fille : « Je vois ce vous attendez de moi mais je travaille sur mon propre vécu avec ma mère, cela va débloquer notre relation... »

Quelle aubaine pour les parents permissifs : Ce n'est donc pas mon attitude éducative qui est primordiale, quelque chose se passe ailleurs... hors réalité. Nous ne sommes donc pas prisonniers de notre propre vécu mais notre histoire nous inhibe parfois. Nous pouvons le reconnaître consciemment, nous remettre en cause sans en faire un nouveau mécanisme de défense : à « Mon histoire bloque ma réalité actuelle », je préfère : « Je sais ce que je rejoue, je tente de faire autrement. »

« UNE MAUVAISE ADAPTATION À LA RÉALITÉ SIGNE UN PROBLÈME PSY SOUS-JACENT »

Comment participe-t-on à une plus grande déresponsabilisation des parents ? Lorsque nous affirmons cette hypothèse. À la question récente d'une journaliste sur l'engouement des parents pour aller voir les « psys », je répondais qu'il serait bon de s'interroger sur une possible corrélation entre la démission parentale et l'appel aux spécialistes. Quoi de plus motivant d'aller consulter un professionnel qui « Va remotiver mon enfant à l'école », « Le rendre moins agressif », « Nous permettre de souffler un peu » et de traiter tout cela avec ses compétences professionnelles ! C'est pourquoi nous avons tous été séduits par les hypothèses « psy » : il refuse les routines scolaires, il est peut-être précoce, il manque de concentration, il est peut-être hyperactif, dans la lune, peut-être dépressif, peu social, il souffre de la fratrie, désorganisé, c'est le divorce... Dites-nous surtout, cher « psy » que vous allez trouver le « Pourquoi » de ses troubles. Et comme nous sommes désappointés si le professionnel se met à questionner notre style éducatif !

« L'INCONSCIENT DOMINE TOUT QUOI QUE L'ON FASSE DANS LA RÉALITÉ... »

Les deux croyances que nous venons d'évoquer répondent à cette nouvelle assertion de la toute-puissance de l'Inconscient. Cela mérite quelques commentaires un peu plus étoffés.

La psychanalyse a permis il y a cent ans de révolutionner, elle aussi, des croyances solidement ancrées dans les mentalités. Elle a favorisé l'émergence d'idées nouvelles sur le développement psychoaffectif de l'homme, a participé, à l'époque, à lutter contre les visions trop restrictives en matière de pathologie humaine. Est-ce à dire qu'il ne faut rien contester ? La force du « Tout Inconscient » me trouble. Je suis psychologue cognitiviste et pencherais plutôt vers une « Force du Conscient », mais là n'est pas le débat. J'avais participé au reportage d'un grand hebdomadaire qui traitait de la tyrannie infantile. Mon interview était bien sûr centrée sur la nécessaire éducation parentale avec son cortège d'exigences et de frustrations dans la réalité quotidienne de l'enfant. J'insistais sur ma volonté de ne pas trop « psychologiser », quêter le sens des dysfonctionnements de l'enfant pour pouvoir retrouver un bon sens éducatif et cette conclusion de l'article qui reprenait la réplique de S. Freud : « Quoi que vous fassiez, parents, vous le ferez mal ! » Bref, tout ce qui venait d'être dit sur l'éducation se voyait annulé en quelques mots. Combien de fois ai-je lu dans des magazines que derrière l'apparence d'une attitude infantile peut se cacher un malaise plus profond, derrière une mauvaise intégration à la crèche un syndrome d'abandon, derrière une désobéissance constante envers l'un des parents, un complexe d'Œdipe mal assumé, etc. Mais on me rétorquait : « C'est de la vulgarisation, de la psychologie mal digérée ! » Non, c'est de la psychanalyse (la confusion avec la psychologie est agaçante) bien comprise dans son incontournable postulat : les comportements et les pensées conscientes ne sont que la partie émergée du tout-puissant Inconscient. Désormais, tous les coups sont permis et beaucoup de parents vont s'engouffrer dans ce tout inconscient : « De toute façon on ne contrôle pas tout... Quoiqu'on fasse, il se construira avec d'autres forces qui nous échappent... Nous sommes impuissants devant cette réalité (inconsciente) que nous ne connaissons pas... » Et ces toujours nombreux témoignages d'adeptes du tout-puissant Inconscient : telle enseignante qui m'écrit que l'enfant que j'accueille en consultation dessine des obscénités parce que « Comme vous le savez il entre dans la puberté », alors que je découvrais après investigation auprès des parents qu'il avait accès, grâce au grand frère, à des sites pornographiques sur l'Internet. Et cette autre remarque d'un père très « psy » à propos de l'autorité : « Vous savez comme moi, que son Surmoi n'a que faire de ma réalité de père ! » CQFD.

La liste serait trop longue, l'essentiel est, vous l'avez compris, de relativiser les certitudes en psychologie de l'enfant. Il nous appartient de soumettre à la question les hypothèses fermées (le plus souvent issues des théories « psy » classiques) et de les confronter à la réalité des faits ; d'où la nécessité, nous l'avons déjà vu, de bien observer les comportements de notre enfant avant d'y donner un quelconque « sens ». Je reviendrai dans chaque chapitre sur d'autres croyances qui peuvent être un frein pour l'éducation.

Où en est votre enfant face à l'autorité ?

Ne soyons pas caricaturaux, un enfant est par essence « déviant » puisqu'il apprend progressivement la réalité, ses limites entre des désirs tout-puissants et le principe de réalité. La notion de fréquence est importante : qu'un enfant désobéisse, cherche à transgresser, à contester, c'est normal et plutôt sain, mais que cela devienne une véritable habitude de rébellion, de contestation permanente avec des conflits pour un rien, cela n'est plus acceptable. Cette fréquence de « minipassages à l'acte » est un bon indicateur de la faiblesse de notre autorité parentale, elle révèle presque toujours que nous avons basculé dans la permissivité.

Les problèmes d'autorité signent surtout une prise de pouvoir de l'enfant dans sa vie quotidienne, une absence de frustrations.

LES QUESTIONS À SE POSER

Votre enfant est-il matériellement gâté, les jeux, les loisirs et les plaisirs sont-ils de plus en plus nombreux et comment les consomme-t-il ?

Bien malin le parent qui peut évaluer facilement si la quantité de jouets et de jeux de son enfant est ou non hors normes. Ce qui est à peu près sûr : nos moyens de consommation ont fortement augmenté ces dernières décennies et il est rare de ne voir que quelques objets d'amusement dans les chambres des enfants. Bien au contraire, nous avons tous été victimes des publicités du marketing international et qui n'a pas offert une Gameboy ou un jeu sur cédérom à son petit ?

Là encore, faisons appel au bon sens : entre tout régenter, interdire tous les divertissements actuels et participer à la surenchère en achetant tout et pour n'importe quelle occasion, il y a sans doute une juste mesure : ne pas répondre à toutes les sollicitations mercantiles, ne pas transformer les fêtes en anniversaires, les anniversaires en Noëls et les Noëls en... Réduire la consommation stimule souvent le retour à des occupations oubliées mais si souvent appréciées des enfants : les jeux d'extérieur, les balades avec les parents, se retrouver seul pour dessiner, créer, rêver. Mais avant tout, soyons vigilants sur les conséquences possibles de certains comportements devant la surabondance des jouets ou jeux.

Il se démotive très vite, il doit constamment trouver de nouveaux centres d'intérêt pour être stimulé. J'entends souvent les : « À cet âge, on est instable », qu'il est mieux de tenter beaucoup d'activités, de stimuler sa curiosité ; que de faux prétextes là où la démotivation n'était que passagère, liée à une quelconque frustration et attendait, une fois de plus, une réponse éducative : « Ne stoppe pas dès les premiers désagréments, respecte ton contrat jusqu'à la fin de l'année ! » Derrière cette pseudo-avidité pour le nouveau, nous ne voyons que la volonté de vivre des sensations toujours plus fortes et surtout cet évitement du déplaisir à tout prix. Quand nous savons pertinemment, pour l'avoir expérimenté, que savoir s'ennuyer, attendre, s'efforcer, insister, passer les caps difficiles nous conduiront invariablement à une plus grande satisfaction.

Le risque de la surconsommation de jeux (ou activités de loisirs) : si ces jeux ou loisirs n'incluent aucune contrainte, aucune frustration aussi minime soit-elle, l'enfant rentre dans le cercle vicieux de l'*addiction* – je veux obtenir toujours plus de plaisir, l'objet de satisfaction immédiate devient lassant, je dois en trouver un encore plus attrayant. Et s'il n'obtient pas gain de cause, s'il ne trouve pas une stimulation, un plaisir plus grand, il ne supportera pas la frustration du déplaisir, ce « manque », et tentera de le combler, de retrouver cette satisfaction immédiate dans l'environnement. Les demandes s'amplifient : « Il n'est jamais satisfait », « Il lui en faut toujours plus ! », « Il se lasse tellement vite ! » Et nous, de renforcer cette demande pour « calmer le jeu » en initiant de nouveaux loisirs ou en cédant pour certains achats pour obtenir une fausse paix.

Un enfant toujours stimulé (jeux ou loisirs) ne connaît jamais l'ennui ni l'attente : il entre dans le cercle vicieux de l'intolérance aux frustrations.

Est-il souvent survalorisé, chaque fait et geste est-il l'objet de gratifications exagérées ?

Nous avions tellement peur de fragiliser son estime de soi que nous avons voulu le renforcer dans le moindre de ses succès, dans la plus petite réalisation ou petite action que nous jugions particulièrement adaptée. Je me rappelle ce jeune enfant de 9 ans qui me disait : « Mon père ne s'est pas fichu de moi, il m'a donné 10 euros pour avoir rangé ma chambre... » La gratuité aurait tellement traduit de la réciprocité, mais non, chaque tâche mérite salaire, le commercial l'emporte donc sur le familial.

Et cet autre adolescent de me dire : « Mes parents ont trouvé génial mon commentaire de texte, je n'ai pourtant pas trop travaillé... » Il est vrai que certaines consignes recommandaient aux enseignants de français de 6e de ne pas tenir compte des fautes de grammaire, d'orthographe ou de syntaxe si les écrits de l'élève étaient compréhensibles.

Survaloriser un enfant, c'est le rendre plus vulnérable à l'adversité et augmenter son intolérance aux frustrations.

Que fait-il à la maison de « frustrant » pour lui et d'agréable pour les autres ?

Quelque chose de « frustrant » en général signifie un déplaisir pour soi mais peut-être aussi un profit pour les autres. Participe-t-il aux tâches ménagères dès que l'âge le permet ? Fait-il des choses pour la famille ? Prête-t-il un jouet ? Accepte-t-il d'autres jeux si les copains le lui demandent ? Range-t-il régulièrement sa chambre pour faire plaisir aux parents ? Se porte-t-il volontaire pour faire des courses ? Fait-il des petites tâches domestiques gratuitement ?

Ou, au contraire, mange-t-il toujours les confitures maison sans jamais participer à la cueillette ? Réussit-il en classe sans le moindre effort de révision ou d'apprentissage à la maison ? Accepte-t-il les incontournables leçons de solfège s'il joue d'un instrument de musique, les étapes d'entraînement pour les activités sportives ? S'oblige-t-il à téléphoner à la famille sans raison particulière, juste pour faire plaisir ?

Un enfant qui ne connaît jamais la frustration voit augmenter son principe de plaisir immédiat.

Dans sa quête de gratification immédiate, l'enfant intolérant aux frustrations risque de n'utiliser autrui que pour ses propres bénéfices et peut susciter du rejet de la part des autres : les enfants ou les adultes sont à son service, ils sont « réifiés » (deviennent des choses qui sont là pour lui procurer satisfaction mais ne sont pas considérés dans leur qualité humaine). Bien vite, l'enfant devient un facteur de stress pour tous les adultes qui s'en occupent. Il ne se remet jamais en cause mais accuse toujours l'autre et l'environnement en général d'être responsables de ses déboires. La réalité qui « est » par essence fréquemment frustrante ne doit pas l'être, tout un programme !

Au final, il n'est pas heureux. Comprenons-nous bien, notre enfant n'agit pas par perversité, n'est pas méchant pour être méchant, il s'est rendu lui-même victime de son principe de plaisir immédiat, c'est son addiction qui le transforme d'abord en enfant « gâté », puis en « enfant roi » et parfois en « enfant tyran ». À nous, parents, de rompre le cercle vicieux de cette assuétude aux plaisirs que génère l'intolérance aux frustrations.

Sachons retrouver une autorité parentale. C'est le seul moyen pour canaliser la tyrannie du principe de plaisir immédiat de son enfant et pour l'aider à devenir moins vulnérable aux futurs aléas et exigences de la vie (principe de réalité). L'autorité parentale c'est lui apprendre, l'habituer au quotidien à intégrer la frustration non pas comme une fatalité mais comme une étape déplaisante, un moment incontournable pour un véritable hédonisme à moyen et à long terme. Savoir déplaire à l'enfant, le rendre parfois malheureux, mais il s'agit bien sûr d'une frustration momentanée qui n'a rien à voir avec la dépression, pour le rendre plus heureux dans le futur, c'est le pari d'une éducation positive et exigeante.

Il nous faut proposer de nouvelles réponses éducatives et ce même lorsqu'il est tout petit. Éviter de poser le problème dès le plus jeune âge, c'est prendre le risque d'amplifier cette fameuse intolérance aux frustrations. Nous verrons que des interventions aimantes, mais fermes, construisent l'enfant et l'empêchent de sombrer dans les symptômes de ce que j'ai appelé le stade 1 du développement de l'omnipotence infantile, l'étape « Sa Majesté des couches ». Autrement dit : l'autre n'est là que pour moi !

Entrons dans ce nouveau savoir-faire éducatif avec le prochain chapitre.

CHAPITRE 2

« Il est si petit... » : l'autorité de 0 à 6 ans

Parler d'autorité à cet âge ?

Souvenons-nous, l'introduction de ce manuel le soulignait déjà, n'attendons pas le conflit ou la crise pour affirmer notre autorité. Il nous faut intervenir bien avant : l'éducation n'est pas la simple réponse aux écarts de comportements d'un enfant, elle est surtout prévention et accompagnement pour éviter les phénomènes d'escalade. Alors comment faire, comment pouvons-nous faire comprendre à notre tout-petit qu'il lui faudra progressivement abandonner sa toute-puissance pour devenir de plus en plus un petit homme, un petit être épanoui mais aussi un être social ?

N'oublions pas cette nouvelle hypothèse que vous devrez tester dans vos interventions éducatives : « Petit homme, je t'aime, mais je t'apprends aussi que tu ne peux pas faire ce que tu veux, que tu vis avec d'autres et en premier lieu avec nous, tes parents, c'est pour cela que nous t'apprenons les frustrations. C'est avec le temps, lorsque tu seras moins dépendant de nous que tu gagneras plus de liberté. »

Cette éducation se doit d'être progressive, mais avant tout, il est bon de désamorcer quelques préjugés qui ne peuvent qu'inhiber nos attitudes.

Les croyances à propos de la petite enfance

« AU DÉBUT DE LA VIE, CHEZ LE BÉBÉ, LE PLUS IMPORTANT, C'EST L'AMOUR DES PARENTS »

Si l'amour parental est incontournable, il n'est bien entendu pas le seul élément déterminant dans le développement de l'enfant. La relation aux parents, et avec la mère dans les tout premiers mois, se doit d'être « bonne », protectrice et aimante. Cette fameuse relation à la mère est-elle si déterminante que beaucoup de spécialistes de l'enfance ont su nous convaincre qu'elle pourrait bien être la cause de tous les déboires futurs ? Certains l'affirment et nous rappellent la détresse du nourrisson s'il est éloigné de sa mère en très bas âge, d'autres témoignent de la résilience de nouveau-nés dans des contextes de séparation précoce pour cause de guerre ou de quelconque cataclysme.

Ce n'est sans doute pas « une » relation qui importe, mais une présence humaine aimante. Relativiser cette fameuse *relation irremplaçable à la mère biologique* peut donner une bouffée d'air aux mamans stressées parce que parfois trop endoctrinées : « Je sens bien que si ma relation est mauvaise il en pâtira toute sa vie... », « Je ne pouvais pas faire autre chose que de l'aimer, de donner, de câliner : j'avais si peur de bloquer son développement... » « Avant qu'il ait un an, je lui ai tout sacrifié pour qu'il engrange un maximum pour sa vie future... »

« L'ENFANT SE CONSTRUIT SELON DES STADES DE DÉVELOPPEMENT PSYCHOAFFECTIF PRÉCIS »

Et, en corollaire, il lui faut donc des réponses adaptées. Combien de fois ai-je vécu ce genre d'échange :

– LA MAMAN : *Je n'allais tout de même pas freiner son appétit (bébé d'une dizaine de mois) alors qu'il était en plein stade oral !*

– LE THÉRAPEUTE : *Et vous faisiez quoi ?*

– LA MAMAN : *J'avoue que le biberon « à la demande » devenait de plus en plus fréquent.*

– LE THÉRAPEUTE : *Et ce stade oral ?*

– LA MAMAN : *Je l'avais lu dans une de vos revues « psy », vous savez bien, cette époque où le bébé comprend bien la relation avec sa mère par le don de nourriture !*

– LE THÉRAPEUTE : *La nourriture signifie donc avant tout communiquer ?*

– LA MAMAN : *Vous savez bien...*

« Vous savez bien ! » J'ai souvent entendu avec agacement ces leçons de psychanalyse infantile. Car il s'agit bien de la théorie psychanalytique qui nous affirme la véracité de ces stades du développement de l'enfance. Pourquoi pas ! je n'ai pas la prétention de contester les dogmes « psy », mais en tant que praticien, je m'interroge sur les conséquences de telles affirmations : si la relation, avec la maman en particulier, est toujours au centre de l'épanouissement de l'enfant, comment cette mère peut-elle se décentrer ? Comment une mère peut-elle faire preuve d'autorité, et ce dès le plus jeune âge de l'enfant, pour que celui-ci accepte aussi de quitter progressivement sa toute-puissance et admettre les frustrations du principe de réalité avec son lien soi-autrui ?

Mon propos n'est pas une thèse exhaustive sur les croyances « psy » en leur interaction avec l'éducation, mais je ne peux m'empêcher de citer ces parents « croyants » qui refusaient un peu d'autorité auprès de leur tout-petit : « Parce que le mettre sur le pot est le symbole de notre relation » (stade anal) ou : « Parce qu'intervenir quand il se faisait de petites caresses aurait été castrateur » (complexe d'Œdipe), ou : « Parce que le gronder à cet âge aurait été dévastateur » (stade phallique).

Et toutes les informations de cette psychologie traditionnelle participent à l'entretien de ces croyances : si votre enfant se comporte de telle ou telle façon, c'est parce qu'il est à tel ou tel « stade ».

J'écoutais récemment une émission de radio, ravi d'apprendre que les médias s'inquiétaient de plus en plus des problèmes actuels d'éducation ou de carence éducative. Le débat démarrait pertinemment : aux questions de la journaliste, le psy de service ne cessait de relativiser les théories classiques, invoquait le bon sens éducatif au quotidien et semblait prôner le retour de l'autorité dans la famille après tant et tant d'années d'interprétation psy de tout poil : « Il est bon parfois de ne pas trop se questionner et de répondre fermement à l'enfant : l'autorité construit ! » Hourra ! Mes collègues psys reprennent un discours *éducatif* !

Au premier témoignage d'un auditeur, tout s'écroulait : une grand-mère s'inquiétait du comportement du petit Abel, 3 ans, qui ne cessait d'avoir des demandes tyranniques à la maison et surtout auprès de ses parents quelque peu permissifs. La grand-maman, plutôt sage, comprenait les demandes de l'enfant comme autant de caprices : « Il veut tout, tout de suite, n'a aucune limite, ne veut que jouer... Quand nous ne cédons pas sur la nourriture, la sieste, le coucher, il se fait vomir... ! » Et la spécialiste de s'enquérir : « Il se fait vomir... ? »

« Oui, précise l'aïeule, il a trouvé ça pour que ses parents cèdent ! » (Ce que j'appelle le comportement coercitif d'un enfant : quand il trouve le moyen adéquat, voire la colère ou la maladie, pour obtenir quelque chose des adultes.) « Vous ne croyez pas que c'est là qu'il faut être ferme ? ajoute-t-elle. Il a réussi à ne pas rester à la crèche de la même façon, en se faisant vomir ! » « Attention ! coupa la spécialiste, ne confondons pas un caprice avec autre chose de plus sérieux. Il s'agit là, madame, vu l'âge de votre petit-fils, d'un syndrome typique d'angoisse d'abandon, il faudrait plutôt rassurer cet enfant, communiquer plus avec lui et surtout consulter si cela ne va pas mieux... »

Quel dommage de ne pas prendre ce genre d'interprétation « psy » comme une hypothèse, une idée à vérifier, pas une certitude. Comme j'aurais aimé entendre : « Voyons d'abord si un peu plus d'autorité au quotidien le rend moins difficile, mais restons vigilant si rien n'y fait ! »

« TOUT EST JOUÉ AVANT 6 ANS ! »

Cette croyance est toujours aussi vivace, semblable à l'hypothèse que la messe est dite quant à la personnalité de l'enfant s'il a vécu des carences importantes dans la petite enfance et surtout avant 5 ou 6 ans. Le tout-petit est donc fragile au plus haut point. Bien sûr qu'il est plus sensible que l'adulte aux aléas de la vie mais de là à en faire un objet de porcelaine fine ! Une fois de plus, regardons les recherches et écrits actuels sur la résilience et en particulier l'œuvre de Boris Cyrulnik. Il ne saurait être question de dire : « Allons, c'est du solide, tous les coups sont permis ! », croyance sans doute mille fois répétée aux périodes précédant le XXe siècle. Ce que je souhaite réfuter, c'est cette affirmation que toute carence fragilise et inhibe le développement de l'enfant.

Je préférerais une hypothèse médiane : le tout jeune enfant est sensible à l'environnement et s'épanouit dans le bien-être affectif, mais il ne se fragilise pas pour autant quand la réalité devient frustrante. Tout au contraire, aurais-je envie d'ajouter. Que peut faire un parent qui adhère à ce déterminisme « psy » du « Tout est joué avant 6 ans » ? Il ne peut que tenter désespérément de ne rien faire qui heurte l'épanouissement de sa progéniture. Puisqu'il est si fragile, je me dois désormais, en tant que parent, de ne rien faire qui bouscule, qui déplaise, en un mot, qui frustre.

« L'AUTORITÉ EST CASTRATRICE »

Pas besoin d'étayer cette affirmation bien connue. Il semble qu'il y ait toujours eu une petite confusion entre les revendications justifiées, visant à annuler un certain autoritarisme d'État (et souvent parental) dans les années soixante et cette conclusion que toute autorité n'est qu'inhibitrice, injuste pour l'enfant. Ne revenons pas sur ce débat : entre la permissivité et l'autoritarisme se joue la réelle autorité, celle qui tente d'instruire l'enfant que sa « liberté doit s'arrêter là où commence celle d'autrui ». Mais cette croyance a la dent dure.

Récemment, j'échangeais avec un collègue professionnel de la santé et ce dernier, s'il reconnaissait les bienfaits des « interdits », ne m'en précisait pas moins qu'il fallait être prudent : l'autorité stimule le plus souvent des personnalités dépendantes, soumises, et peu affirmées... Quand je lui rétorquais qu'il était bon de ne pas confondre l'autorité avec l'autoritarisme, la loi pour la loi, pour l'ordre moral, cet enfermement dans des valeurs normatives contre tout individualisme, je m'entendais dire : « L'inhibition est plus profonde, l'excès de surmoi a toujours été castrateur. » De nouveau, ce rappel à certaines lois intangibles « psy » : tout ce qui freine l'épanouissement individuel est destructeur. Sauf, peut-être, si ce frein l'est pour une valeur tout aussi incontournable que la réalisation de soi, le respect du principe de réalité dans ce qu'il a de plus noble : le lien Soi-Autrui.

« LA PETITE ENFANCE EST DÉTERMINANTE POUR LES FUTURS APPRENTISSAGES »

Deux écoles semblent s'affronter : l'école de la surstimulation et l'école du « expérimente par toi-même ! ». Encore une fois, le bon sens pourrait être un peu entre les deux ! Je me rappelle bien cette affirmation de Jean

Piaget que nous répétions sans cesse pour montrer à quel point l'intrusion parentale peut être mauvaise dans le développement mental de l'enfant dès son plus jeune âge : « Tout ce que vous apprendrez à l'enfant, vous l'empêcherez de le découvrir. » Avec ce fameux slogan, beaucoup de parents de ma génération, les quinquagénaires actuels, se sont crus obligés de laisser un maximum de liberté d'exploration aux tout-petits. Ce laisser-faire expérimental (je laisse mon enfant découvrir surtout dès l'acquisition de la marche) allait bien vite céder le pas à une grande permissivité : je laisse tout faire à mon enfant... d'où ces multitudes d'incidents, voire d'accidents (de la bosse aux inévitables blessures), puisque l'enfant expérimentait le principe de réalité sans intrusion adulte.

Jean Piaget souffrirait de ce contresens : il n'était pas question de laisser une liberté totale à l'enfant, lui-même était bien présent lorsqu'il observait ses petits. Il n'a jamais parlé de *médiation*, mais c'est bien de cela qu'il s'agissait lorsqu'il proposait, stimulait, préparait des activités pour ses enfants. Savoir doser sans froisser, là où Piaget prônait la nuance, beaucoup d'entre nous en ferons un incontournable « Laissez-le découvrir ! ». Pourrions-nous, une fois de plus, prendre une hypothèse plus souple. Stimuler son enfant, c'est « formater » son environnement, comme le disent les spécialistes : être présent, faire avec, susciter, encourager mais aussi arrêter, interdire.

La surstimulation parentale a le vent en poupe, nous reprendrons cela pour la période qui suit, celle où l'entrée en classe primaire est primordiale. Mais que veulent ces parents qui tentent de faire lire ou écrire des enfants bien avant l'âge requis ? La surstimulation, qui répond le plus souvent aux fantasmes inavoués d'avoir un petit précoce chez soi, donc un futur je-ne-sais-quoi, ne répond jamais, une fois de plus, au bon sens éducatif : sans stimulation, l'enfant risque une évolution plus lente, mais provoquer une maturation avant l'âge c'est le plus souvent ne plus tenir compte de son développement naturel.

« S'IL EST FRUSTRÉ PETIT, IL EXPLOSERA À L'ADOLESCENCE ! »

– UN PÈRE : *Si je suis un peu trop sévère maintenant avec Julie (5 ans), je ne risque pas d'avoir une ado très dure ? J'ai souvent entendu que tout se passait quand ils sont petits !*

– LE THÉRAPEUTE : *Vous me dites qu'être ferme avec Julie aujourd'hui risquerait de...*

– UN PÈRE : *D'avoir des conséquences pour plus tard, elle pourrait accumuler des choses...*

– LE THÉRAPEUTE : *Une vraie bombe à retardement ?*

– UN PÈRE : *À l'adolescence, on règle ses comptes, vous savez bien !*

– LE THÉRAPEUTE : *Ou certains comptes sont bien soldés...*

– UN PÈRE : *Vous voulez dire ?*

– LE THÉRAPEUTE : *Si vous êtes plus conflictuel maintenant, en exigeant que Julie vous dise bonjour le matin, par exemple, ce qu'elle ne fait pas, vous lui montrez dès aujourd'hui que vous existez et que vous voulez avoir un rapport humain avec elle. Cela se traduira d'abord par une bonne habitude, puis par un développement de son jugement moral : « Je fais ça pour l'autre... »*

– UN PÈRE : *Et à l'inverse ?*

– LE THÉRAPEUTE : *Elle ne vous dit pas bonjour, vous ne faites rien, craignant les futures retombées à l'adolescence : elle apprend que vous êtes là pour elle, c'est tout. Elle deviendra de plus en plus exigeante, elle risque de s'enfermer dans des comportements d'enfant gâtée et aura sans doute une adolescence très agressive si rien n'est fait avant...*

« ON REPRODUIT AVEC SES ENFANTS CE QU'ON A SOI-MÊME VÉCU »

D'autres croyances trouvent leur origine dans notre propre vécu infantile et peuvent nous inhiber dans l'éducation de nos enfants. Je ne rentre pas dans les interprétations et surtout pas dans certaines conclusions déterministes : j'ai vécu tel ou tel traumatisme étant enfant, je vais forcément me bloquer dans tout contexte qui me le rappellera, ou je vais répéter la situation, ou l'abréagir. Du « j'ai été un enfant carencé, donc je serai moi-même un parent qui carence ou je vais tout faire pour éviter qu'il soit carencé », nous voyons la plupart du temps qu'il n'existe que rarement une logique aussi pure. Des parents au vécu carencé surprotègent, d'autres semblent répéter inlassablement leur souffrance, d'autres ne témoignent d'aucun impact dans leur attitude parentale.

En fait, une fois de plus, chacun fait ce qu'il veut de son passé. Mais je sais très bien que ce sont les pensées actuelles sur ce passé qui peuvent rouvrir des plaies anciennes. C'est peut-être de cela qu'il importe de prendre conscience quand nous nous voyons submergés par telle ou telle situation partagée avec notre enfant : il se comporte de telle ou telle façon, je ressens une vive émotion. Au lieu d'investiguer trop loin, quitte à effectivement retrouver nos « schémas infantiles », il est plus utile d'actualiser les pensées automatiques liées à tel ou tel événement.

Les schémas infantiles existent mais risquent de nous enfermer dans une trop grande généralisation de nos comportements : « J'ai vécu ou subi tel "schéma", donc je réagis toujours de la même façon. » Non, tel sujet au schéma de carence affective qui souffre du fameux « Je ne compte pour personne ! » ne va pas forcément répondre de la même façon à toutes les situations de carence que pourrait vivre son propre enfant. Ainsi, tel parent peut répondre très émotionnellement aux pleurs de son tout-petit qu'il vient de laisser dans sa chambre pour la sieste. Et ce parent de se dire : « C'est intolérable de laisser mon enfant seul, sans amour, il doit être malheureux. » Mais ce même parent, dans une situation analogue, peut très bien penser : « Mon enfant est seul mais après tous les jeux que nous avons partagés ensemble, il peut souffrir un peu de solitude ! » Cet adulte peut tout aussi bien, s'il connaît ses propres schémas infantiles, avoir une synthèse heureuse : « Je me rappelle des moments d'abandon lorsque j'étais tout petit mais ne confondons pas avec ce que vit mon enfant ! »

En résumé, je vous demanderai d'être toujours vigilants quant à vos pensées actuelles dans telle situation difficile avec votre enfant, puisque je l'ai déjà dit, seuls les contextes éducatifs difficiles, complexes, voire conflictuels, nous intéressent ici. C'est le « Qu'est-ce que je me dis ? » et non le « Pourquoi est-ce que j'agis ainsi avec mon enfant ? » qui nous importe. Nos pensées déterminent nos émotions et nos actions ne sont donc pas forcément déterminées par notre propre passé. Quand elles le sont, nous pouvons très bien prendre conscience de leur rationalité (est-ce raisonnable de penser cela ici et maintenant ?) ou de leur irrationalité (à quoi servent cet endoctrinement, ces demandes, ces attentes, ces exigences que je ne cesse de ressasser ?).

Comment remettre en cause ses a priori ?

NOS PENSÉES DÉTERMINENT NOS ACTIONS

Ce que fait votre enfant	*Ce que vous pouvez penser*	*Vous risquez désormais...*
Il pleure dès que vous lui imposez sa sieste.	C'est insupportable de laisser seul un enfant qui pleure, il souffre.	de le couver, d'éviter les séparations, de céder à toutes ses demandes qui seront interprétées non pas comme des demandes classiques d'un enfant qui en veut toujours plus mais comme celles d'un enfant en manque d'amour.
Il veut rester jouer avec son frère plus âgé.	On ne doit pas souffrir d'inégalité dans la fratrie.	de tenter de supprimer la moindre injustice dans le quotidien de votre enfant. Vous recherchez l'égalité absolue avec la fratrie, vous compensez toujours lorsque l'un a plus que l'autre (il aura un cadeau quand son frère aîné a son anniversaire, vous lui donnez une « surprise » parce que vous sortez un soir entre adultes, etc.).
À la crèche, il est le seul à ne pas faire ce qu'on lui demande.	On ne doit pas critiquer un enfant mais tout faire pour lui donner une bonne estime de soi.	de donner trop, de tout faire pour épanouir son « estime de soi », de lui éviter tout échec, de le survaloriser dès qu'il entreprend la moindre tâche (sans d'ailleurs être pour autant remercié, l'appétit de reconnaissance du tout-petit est sans fin !). Vous privilégiez constamment son Moi au détriment du lien soi-autrui.

Bien évaluer notre système de pensées et de croyances nous permet de ne pas tomber dans les « J'aurais dû faire comme cela... », « Il devrait se comporter ainsi... », « Il faut éduquer de cette façon... ». Ces absolus stimulent chez nous, parents, des réponses émotionnelles disproportionnées et des attitudes inappropriées. Accepter de remettre en cause ses *a priori* éducatifs, c'est redonner de la souplesse à nos attentes et à nos demandes, c'est relativiser nos connaissances et remplacer nos « Ça doit, Je dois, Il faut, Il doit » par des souhaits réalistes. Dès lors, nos émotions sont moins exacerbées et favorisent des attitudes, des réponses éducatives plus rationnelles, donc plus efficaces.

ARRÊT SUR IMAGE

Je vous propose quelques exemples d'un passage réussi de pensées dogmatiques et absolutistes à des souhaits plus réalistes.

Je viens de quitter la chambre de mon tout-petit de 2 ans. À peine assis dans le salon, j'entends ses cris « Encore papa, encore ! ». J'ai pris l'habitude de lui raconter une histoire chaque soir pour l'endormir. « Encore ! » Cette fois je craque, il est tellement adorable ce petit bout de chou assis dans son lit. Et puis une nouvelle petite histoire ne coûte pas grand-chose !

Mes pensées... :

Je l'ai souvent lu, il est difficile pour un petit enfant de passer d'une journée d'activités au sommeil, la présence parentale est indispensable à ce moment de « transition ». Et puis, je me souviens de certaines soirées où, seul dans mon lit, j'attendais de longs moments une parole adulte...

Mes émotions :

Je ressens une sorte de déprime : ce moment du coucher crée un sentiment de spleen, une sorte de mal-être.

Le risque :

Je raconte une nouvelle histoire à mon enfant, mais contrairement à mes attentes, il ne semble pas s'assoupir, il est de plus en plus éveillé, ne cesse de me quémander la prochaine histoire avant que je ne termine celle en cours. Puis, j'ai droit aux demandes « Pipi » et bientôt je dois répondre aux « J'ai soif ! » et le fatal « Je veux maman ! ». Excédé devant mon échec, je tente la fermeté : « Fini pour ce soir », les pleurs redoublent, je vais craquer...

Je quitte mes croyances :

Je n'ai pas eu beaucoup le droit aux comptines ou aux histoires lues étant enfant, pas beaucoup de partage avec mes parents dans le souvenir que j'en ai. Mais je me dois de voir la réalité de mon enfant en face : sa mère et moi sommes très présents, il n'y a pas de problème à la crèche où là aussi le relationnel, l'attention et les stimulations ne manquent pas. Mon enfant ne souffre d'aucune carence, il est simplement frustré de me voir interrompre ce moment privilégié quand un parent raconte l'histoire du soir.

Je ressens désormais des émotions adéquates :

Je suis frustré moi aussi de le voir en colère mais je n'éprouve plus ce mal-être quelque peu déprimant. Je n'aime pas voir mon enfant dans cet état-là, c'est désagréable mais pas déprimant.

Je vais essayer de :

Je vais tenter de ne pas faire l'amalgame avec mon vécu, et puis cette idée que l'endormissement est un moment délicat chez le tout-petit est une hypothèse, pas une certitude. Et puis au lieu d'instaurer ce rituel des histoires qui ne semble plus apporter grand-chose au quotidien, si je proposais des histoires de temps en temps, si je leur redonnais un caractère d'exception ! Je pourrais ainsi dire à mon enfant : « Ce soir, je suis fatigué, je n'ai pas très envie de lire une histoire, dors bien... » Frustré, il le sera mais il apprendra désormais deux choses : l'histoire non ritualisée n'en deviendra que plus belle (hédonisme à long terme) et j'apprends que papa est fatigué (lien Soi-Autrui !).

L'éducation du petit enfant

CE QU'IL FAUT APPORTER À L'ENFANT DE LA NAISSANCE À 6 ANS

Dans ce manuel, je parle beaucoup de frustration, de conflictualité parce que j'ai le souhait de vous faire renouer avec l'autorité mais n'oubliez jamais qu'il ne peut y avoir d'éducation affirmée sans les ingrédients indispensables pour l'épanouissement de nos enfants.

N'ANTICIPEZ PAS SES DEMANDES OU POURQUOI PROTÉGER SON ENFANT DE LA RÉALITÉ EST UNE FAUSSE BONNE IDÉE !

Je me souviens de cette conversation avec mon ami Michael Bernard, directeur du département de l'Éducation à l'Université de Laguna Beach. Lui aussi constatait dans sa pratique et dans son enseignement les dégâts de

CE QU'ATTENDENT LES ENFANTS :

Une sécurité matérielle pour l'alimentation, l'hygiène, le repos.
Une affection physique avec des contacts (mettre l'enfant sur ses genoux, lui donner des caresses, l'enlacer, l'embrasser, etc.).
Un « faire avec » : jouer avec le tout-petit puis construire, faire du sport, participer à toutes sortes d'activités d'apprentissages, d'éveil ou de loisirs lorsqu'il grandit.
Un soutien permanent : savoir exprimer son ressenti quand il est plus âgé, pouvoir communiquer dans les périodes difficiles.

la permissivité éducative. L'éducation devait reprendre le dessus et nous, professionnels de la santé, avions mission d'aider les parents à retrouver l'autorité parentale. Je proposais mon hypothèse d'inclure la « frustration » au quotidien, ce facteur de résilience, mais nous n'étions plus d'accord. Michael insistait sur le fait d'anticiper au maximum les futurs contextes de danger, là où l'enfant risque de devenir difficile. Cela me rappelait les stratégies de nombreux parents qui essayaient d'éviter le conflit avec leurs enfants en les précédant dans leurs demandes. Je reprends les conseils de Michael en proposant quelques ajouts.

LA LISTE DE MICHAEL : ANTICIPER POUR SAUVER LA JOURNÉE AVEC VOS TRÈS JEUNES ENFANTS !

« Au restaurant : l'asseoir près d'une fenêtre pour le distraire, prévoir un cahier de coloriage. »

Là, je suis assez d'accord, certaines attentes sont pénibles et seuls les adultes aiment à converser en attendant les plats. En revanche, la systématisation du « jeu à emmener au restaurant » est à prendre avec précaution : si le petit doit tout de suite jouer, à peine assis, nous risquons de lui apprendre qu'attendre est insupportable et qu'aller au restaurant est frustrant ! Quant aux fast-foods qui donnent immédiatement le jouet, c'est complet : l'alimentation n'est pas un plaisir suffisant, l'enfant doit être récompensé pour venir ! Savoir différer son plaisir... au risque de devenir plus tard un de ces tueurs de serveurs qui ne supportent plus d'attendre tant la faim les tenaille.

« Au supermarché : Assurez-vous que votre petit n'aura pas faim pendant les courses. Emmenez une pomme, des fruits secs. »

Oui, s'il n'a pas eu de goûter depuis longtemps. Mais attention ! l'armer d'aliments pendant les courses pourrait bien se transformer en revendications permanentes dès qu'il aperçoit les rangées de bonbons toujours disposées à sa portée. L'enfant ainsi « protégé » peut tout aussi bien apprendre que « C'est normal de manger pendant les courses, puisqu'il ne faut pas souffrir d'attendre le futur repas avec un début de faim au ventre. » Ce que font déjà certains adultes qui mangent en choisissant tel ou tel produit : il ne s'agit plus de penser au futur menu (hédonisme à moyen terme) mais de compenser la désagréable sensation du « J'ai faim, donc je dois manger tout de suite »... (principe de plaisir immédiat). Que penseraient les populations les plus démunies ?

« Pendant les longs trajets en voiture : prévoir des cassettes audio, des jeux, des aliments. »

Là, je ne suis plus d'accord. Les longs voyages en voiture peuvent induire des conversations avec les enfants, des jeux avec les adultes, l'écoute commune de certaines musiques et parfois sans aucune stimulation inciter les enfants, avec l'acceptation de l'ennui, à rêver... Bien sûr, pas question d'être tortionnaire, les aires de repos sont faites pour se détendre, grignoter, consommer un peu ! Michael a été bien écouté par les « marketers » de tout poil : désormais, vous pouvez acheter un lecteur DVD portable et vous aurez des enfants sages pendant tout le trajet ! Je pense plutôt qu'il y aura beaucoup d'exigences pour acheter des nouveaux DVD, pour les choix des films avec la fratrie et surtout sur l'absence de pop-corns chauds pendant les séances d'automobile-cinéma. Quant au bonheur d'arriver après un long voyage, nous aurons, dans ce cas, encore enlevé une sensation forte après un moment plus frustrant. Toujours la même histoire : le plaisir immédiat annule le vrai bonheur, l'hédonisme à moyen ou à long terme. Je me rappelle les réflexions de Luc, après un voyage « à la Michael » pour atteindre une station de sports d'hiver ; il avait hurlé dès l'arrivée pour faire du ski et ses parents de me dire : « Il n'y avait pas de nocturne ce soir-là sur les pistes, il était tout énervé, l'air de la montagne... » Ou l'air de la voiture...

Et pourquoi ne pas délirer un peu plus ?

« *Quand vous allez rendre visite à des amis : Emmener une partie de sa chambre à coucher.* »

« *Quand vous le confiez à la nounou : Lui procurer ses friandises favorites...* »

« *Quand vous lui achetez son premier tricycle, poussez-le constamment (vu, dans les derniers tricycles à la mode pour les tout-petits une barre pour la poussée parentale, quand ils ne sont pas électriques !)* »

« *Quand il ne s'entend pas avec les autres enfants à la crèche ou chez la nounou, changer de lieu et d'interlocuteurs.* »

Bref, dès qu'il est frustré, protégez-le contre la vilaine réalité. Car, finalement, la réalité est très méchante puisqu'elle lui apprend gentiment que le principe de plaisir immédiat est un leurre.

Certes, je ne vous demande pas d'être parfaits, lâchez un peu de lest de temps en temps. Mais comprenez que choisir l'évitement du conflit, que suscite inévitablement une certaine fermeté éducative, est une fausse économie. Vous serez tranquilles provisoirement et à court terme. Votre enfant aura de quoi se faire plaisir, mais vous souffrirez par la suite d'une escalade de comportements offensifs. Ne soyons pas pessimistes, il n'y a pas escalade chaque fois mais le risque est grand.

SACHEZ IMPOSER

Mais d'abord quelques petits conseils : ne proposez jamais une activité gratifiante avant que l'enfant ne fasse ce qui lui semble plus frustrant ! Le petit Julien, 5 ans, avait l'habitude de me dire : « C'est trop dur de faire du vélo quand ça monte... surtout après une descente ! » Combien de fois n'avons-nous pas cédé et renversé la règle « Plaisir après le déplaisir » : joue avec ton petit copain et ensuite tu feras ta sieste, je te lis cette histoire et tu retournes au lit, tu peux jouer à la playstation et ensuite range tes jouets dans ta chambre. Non ! Savoir imposer c'est d'abord exiger la tâche frustrante pour mieux gratifier l'enfant ensuite :

– Tu fais ta sieste... nous irons nous promener ensemble.

– Tu ranges tes jouets... tu pourras réutiliser la console vidéo.

– Tu nettoies la table après le goûter... tu pourras regarder des dessins animés.

Il ne suffit pas, bien entendu, de connaître la règle « Frustration avant plaisir », encore faut-il savoir exiger, interdire au quotidien. Les exemples suivants ne sont pas exhaustifs mais peuvent vous aider à mieux évaluer vos demandes dans des contextes classiques de loisirs et de routines familiales.

LA TÉLÉVISION : CONSEILS

Elle devient trop souvent le troisième parent. L'éliminer de la famille semble anachronique, mais bien savoir l'utiliser est toujours possible. Certains conseils me paraissent indispensables :

• Ne pas allumer la télévision dès le petit déjeuner, elle bloque non seulement toute communication avec les parents ou la fratrie, mais apprend à l'enfant que sa journée va commencer avec du loisir...

• Éviter les chaînes de télévision où la publicité manipule vos enfants à souhait : même tout petits ils apprendront très vite ce qu'il faut consommer ou non, en particulier pour les anniversaires, les fêtes. Il vous faut donc vous astreindre à écouter certaines émissions infantiles dans leur entier.

- Autoriser des moments de télévision bien précis ; le meilleur moment est sans doute avant le dîner.
- Gérer le temps permis. Une heure paraît bien suffisante pour un enfant en bas âge.

La télévision empêche l'enfant de s'intéresser à d'autres choses qu'au visuel « cinéma » : n'oubliez pas que jouer dans sa chambre stimule l'enfant dans sa créativité, ses rêveries. Remarquez un enfant d'à peine un an qui rampe allégrement dans votre salon ; si la télévision est allumée, il restera planté devant et ne bougera plus... Il commence à « assimiler », ne s'accommode plus à l'environnement, n'explore plus, il rentre dans un début d'abrutissement et emmagasine de la graisse.

LES JEUX VIDÉO : CONSEILS

Dès le plus bas âge, certains créateurs de cédéroms n'hésitent pas à proposer des jeux. Le jeune enfant peut aisément passer de la télévision, de la manipulation d'un lecteur DVD ou d'un magnétoscope à l'utilisation d'un ordinateur. Mais vers 4 ou 5 ans, ce genre d'exercice peut s'avérer très facile.

Il vous faudra donc filtrer les cadeaux de ce style, bien regarder les contenus et surtout accompagner l'enfant dans ce genre d'activités et lui donner un temps précis et court d'utilisation si le contenu est adéquat. Sinon, vous risquez de le stimuler vers un engouement pour les jeux sur cédéroms et l'ordinateur, une fascination qui l'emportera désormais sur toutes les autres activités que vous lui proposerez parce que jugées bien pâles.

Proposez une balade en forêt à un enfant de 5 ans qui vient de passer deux heures devant une cassette vidéo et quelques heures avec un jeu sur cédérom particulièrement excitant (course de voitures, jeux de guerre, etc.) et vous verrez un grand regard d'étonnement : l'enfant attend désormais du loisir une sensation plus forte, un « Kick », comme disent les Anglo-Saxons, bref quelque chose de beaucoup plus intense pour atteindre son plaisir : nous sommes bien là dans un processus d'addiction. Rien à voir avec une détente, nous entrons là où le veulent les multinationales : consommer toujours plus !

LES JOUETS : CONSEILS

Tout ne doit pas être éducatif ! Les jeux « gratuits » existeront toujours, mais vous, parents, avez le droit d'orienter votre enfant vers tel ou tel jouet trop souvent délaissé au profit d'autres : en règle générale, proposez un maximum de jeux de manipulation, de bricolage, de dessin de créativité, d'imagination.

Ne soyez pas trop virulents s'il casse un jouet, mais, si cela devient une habitude, demandez-lui de respecter ses jouets, qu'il les répare ou participe si possible au rachat d'un jouet, s'il brise tout.

Et surtout, ne rachetez pas systématiquement après destruction. « Mais il aimait tellement ce jouet ! » Il l'a détruit, il n'existe pas encore d'assurance pour bris de jouets, il s'en passera et fera un peu plus attention à l'avenir !

LES DIMANCHES : CONSEILS

Qui a inventé cette loi que les dimanches sont dus aux enfants uniquement ? Encore de la mesure : il n'est pas question de délaisser ses enfants les dimanches, les parents sont souvent très occupés en semaine et leur seul temps de partage est bel et bien ce jour-là. En revanche, tout faire pour l'enfant est excessif : vous pouvez décider de faire certaines activités qui vous plaisent ou ne rien faire du tout : l'enfant peut apprendre à s'ennuyer, à attendre, à retrouver des jouets délaissés si cela n'arrive pas tout le temps.

Chercher à le stimuler et lui plaire chaque week-end va vous entraîner dans le cycle infernal du toujours plus et rapidement vous entendrez votre enfant vous demander dès le vendredi soir : « Qu'est-ce qu'on fait dimanche ? » La question qui tue, qui vous transforme subrepticement en futurs gentils organisateurs de loisirs, tout pour lui. Il est souhaitable de partager des loisirs, de se promener ensemble, de jouer mais pas uniquement : vous avez le droit d'inviter vos amis, de faire des choses pour vous ou de ne rien faire avec le tout-petit, il apprend gentiment que vous vivez aussi en dehors de lui et non exclusivement pour lui.

LES AUTRES...

Savoir refuser, c'est montrer à votre enfant que vous existez aussi. Il faut bien sûr nuancer, il ne saurait être question de ne jamais rien céder. Un bébé attend beaucoup de sa mère en particulier, mais il est possible de ne pas répondre quand les demandes sont de plus en plus exorbitantes : maugréer pour avoir un câlin de plus, c'est normal, hurler dès qu'on ne câline plus, c'est excessif, il vaut mieux renvoyer un bon « Je t'aime, mais pour l'instant, plus de câlins : maman fait autre chose... »

L'habituer constamment à cette réalité qui devra s'inscrire progressivement mais sûrement dans sa tête : « Tu es unique, nous t'aimons mais tu n'es pas seul. » Les enfants qui ont le plus de mal à s'intégrer dans une crèche ne révèlent pas forcément une « carence affective » mais signent souvent un maternage excessif à la maison : des réponses constantes aux demandes de câlins, une présence maximale de la mère si celle-ci est restée chez elle. Ces enfants ne souffrent pas de ne plus voir leur maman : ils ne peuvent vivre sans la réponse constante d'un adulte à leurs demandes. En fait, ils ne supportent pas la frustration qu'impose l'existence d'autrui. Alors, quand les tout-petits se mettent à exister dans une crèche et encore plus fortement dans les petites sections de maternelle, notre enfant roi agressera tous les intrus ou risquera de s'effondrer devant cet environnement qui ne lui donne plus tout.

LES CHOSES

Dès qu'il rampe et bientôt dès l'acquisition de la marche, le petit homme va expérimenter les premières limites. Les explorations sont nécessaires pour qu'il découvre son environnement mais il va aussi rencontrer les premiers interdits. Le laisser aller partout au titre d'une stimulation cognitive permanente (mon enfant développe son mental en se frottant à la réalité) peut encore une fois inverser l'objectif recherché.

En effet, le tout-petit ne s'essaie pas seulement à l'exploitation de nouvelles connaissances, il se frotte surtout aux commandements parentaux : quoi de plus motivant que de pénétrer dans la cuisine alors que maman s'y trouve et qu'elle a dit « Non ! ». La fermeté parentale, le « Tu ne peux pas aller où tu veux ! » doit l'emporter à une époque où non seulement il tente de passer les feux rouges que vous avez créés, mais à un stade de développement où le « mental » n'est pas assez clairvoyant pour qu'il se mette hors danger.

Entre le bloquer dans son parc et ne jamais en utiliser, je défends toujours le juste milieu : l'avantage du parc c'est de délimiter les territoires, de protéger l'enfant et de l'instruire des réalités, de la sienne et de celle des parents. Le contraindre à n'explorer que deux mètres carrés est, à l'inverse, la négation de la découverte et de l'expérimentation. Mais, s'il y a découverte, elle doit se faire avec l'adulte à proximité qui lui définira le nouveau « parc » avec ses limites.

LES CHOSES QUI LE GÊNENT

Vous l'avez compris, notre tout jeune enfant n'apprécie guère de céder du terrain devant cet environnement hostile, il tentera toujours de soumettre cette réalité qui lui semble parfois trop contraignante. Et nous, les parents, de souvent céder pour son confort.

S'il fait froid dehors, il refuse le lourd manteau mais nous tenons bon (« Je ne veux pas que tu prennes froid ! »), mais si nous sommes à la plage l'été et que le soleil est au zénith, nous risquons de le laisser sans chapeau, nous ne l'obligeons pas à porter des lunettes et n'insistons pas pour qu'il reprenne un T-shirt puisqu'il est couvert d'ambre solaire. C'est vrai qu'il est rétif à toutes ces précautions. Combien de fois ai-je vu ces bambins estivaliers faire des scènes pour ne pas être protégés du soleil et les parents de finir par un « Allons nous baigner » salvateur. D'autres refusent de restreindre leur liberté de mouvement et vont pester contre tout siège bébé ou le port de la ceinture de sécurité. Lui faire accepter l'inconfort pour ne pas souffrir ensuite... c'est bien de vouloir l'expliquer, c'est beaucoup mieux de l'obliger, tout ne se négocie pas.

LES CHOSES DES AUTRES : CONSEILS

Le tout-petit veut tout tout de suite et tente de s'emparer des objets de maman ou des adultes qui sont proches de lui en général.

Il s'accroche à vos boucles d'oreilles et tentera par tous les moyens de les accaparer ; dites-lui gentiment qu'elles sont à vous, que ce n'est pas son jouet. N'hésitez pas, il faut souvent prendre sa main fermement pour qu'il ne vous blesse pas en voulant s'agripper aux boucles ! Il saisit votre portable, reprenez-le doucement mais rapidement, il est à vous !

Si vous cédez et ne lui signifiez pas que ce sont vos propriétés, il ressentira votre inauthenticité. Votre sourire grimaçant quand il tire avidement sur vos boucles d'oreilles ne sera jamais interprété comme un signe d'amour. Votre « Zut, il a cassé le portable ! » ne traduira pas une grande affection pour ce petit bonhomme qui ne comprend que les regards, les sons, les attouchements, les attitudes. Lui reprendre les objets qui nous appartiennent et qu'il désire le frustrera sans doute mais ne déclenchera aucun signe de rejet de notre part. C'est ce qu'il veut vivre : je ne peux pas tout faire mais tu m'aimes !

LUI APPRENDRE LE POT : CONSEILS

Il est dommage que la meilleure revue de psychologie n'atténue pas certaines affirmations qui ne sont que des hypothèses d'école.

« Lors du stade anal (1-3 ans), l'enfant apprend à contrôler ses sphincters... C'est alors qu'apparaissent les premiers conflits : l'enfant conforte sa conscience d'être une entité distincte en s'opposant[1]... » Si la question de la propreté symbolise le « relationnel », quel parent oserait élever le ton quand le tout-petit refuse le pot puisque l'enjeu n'est plus la propreté mais sa recherche d'identité ?

Là encore, pas question de revenir aux bonnes vieilles méthodes, de sanctionner, de menacer ou

1. « Le métier de parents », *Psychologies magazine*, hors-série, octobre 2003.

d'obliger l'enfant, par chantage affectif, à répondre à nos désirs. Mais il n'est pas interdit de répéter gentiment à l'enfant : « Désormais tu es plus grand, c'est le pot ! » Les parents qui ne voient pas une quelconque symbolique pour le pot n'ont jamais de problèmes, cela se passe, comme le reste, naturellement avec de l'amour et de l'insistance !

LES REPAS : CONSEILS

« *Faut-il allaiter son bébé ?* »

« Mais si le contexte le permet, l'allaitement entre six mois et un an est une bonne chose. En effet, c'est dans la sécurité de base qui se tisse dans ces premiers mois que l'enfant trouvera la force d'affronter les séparations successives[2]. »

Bref, si vous n'avez pas de lait ou tout simplement pas le désir d'allaiter longtemps votre enfant, c'est mal parti pour lui... Pour autant que je sache, je n'ai jamais vu de corrélation entre allaitement et équilibre de la future personnalité : tous les cas de figure peuvent être envisagés, des enfants longtemps au sein qui tournent mal, des enfants sevrés tôt qui vont bien, etc.

Ce qui est souhaitable, c'est que la maman se sente en accord avec son choix (dans les limites de ce qui est

2. *Ibid.*

recommandé par la médecine infantile) et ne s'oblige pas à répondre aux injonctions de quelques psys qui font, défont et refont leurs théories selon les contextes.

« *Doit-on l'obliger à tout manger ?* »

Cela paraît sans doute suranné, mais le bon vieux « Pas de dessert si tu ne goûtes pas ce plat » devrait être remis à l'ordre du jour. Combien de fois ai-je été témoin d'incohérences parentales lorsqu'il s'agit des repas : le père veut que l'enfant mange un peu de choux de Bruxelles, le petit refuse mais se voit ensuite gratifié d'un bon yogourt aux fruits. Encore mieux, devant le refus de certains mets (toujours les mêmes : ce qui n'est ni mou ni sucré) le parent propose un menu à la carte ! Désormais, le tout-petit connaît la démarche à suivre : je grimace et refuse les haricots verts, j'aurai droit à mon menu, steak haché, frites, pâtes, pizza, poisson pané, etc.

Je lisais pourtant encore récemment que le refus d'un aliment chez un enfant de 2 ans pouvait traduire une crise d'opposition salutaire… Et à la question : « Est-ce vraiment mauvais pour les enfants de se régaler de pâtes et ketchup ? », la spécialiste de répondre : « En supprimant ces aliments, on priverait les enfants d'une bonne partie de leur plaisir, ce qui serait une hérésie [3]… » Bref, cédez donc au goût anglo-saxon et stimulez vos futurs obèses. Là encore, un peu de bon sens.

3. Dans un article intitulé : « C'est le plaisir qui façonne le goût ».

Pas question de supprimer toute la « junk food » mais de la limiter au maximum et surtout de susciter d'autres plaisirs nutritifs et pourquoi pas avec des mets plus raffinés, des plats plus classiques même si, *a priori*, leur goût n'est pas immédiatement reconnu ou jouissif.

S'alimenter mérite aussi un apprentissage et non une quête de plaisir immédiat qui fixe l'enfant dans ses demandes régressives. S'acharner sur les épinards ou la cervelle d'agneau peut poser question, mais insister sur un plat de poisson...

Un conseil de la psychologie actuelle : « Il refuse de manger, n'en faites pas un enjeu, sinon les repas risquent de devenir des corvées au lieu d'être des moments conviviaux. Faites la trêve, mangez devant lui, variez les plats et les goûts que vous lui proposez et laissez-le manger à sa faim. » Et vous ne serez bientôt plus parent mais cuisinier de Sa Majesté qui ne tardera pas à imposer son menu à lui !

LES COUCHERS : CONSEILS

« Il faut savoir que la notion de caprice n'existe pas chez le nouveau-né. Cette angoisse du soir se calme par des bercements, une promenade, un sein maternel, le bon remède homéopathique[4]... »

4. *Ibid.*

Il n'y a donc jamais de caprice chez l'enfant, CQFD. Pourtant beaucoup d'enfants ne veulent pas se coucher, ou n'arrivent pas à s'endormir parce qu'ils sont encore en activité cinq minutes avant l'heure fatidique. Respectons certaines règles de vie avec le tout-petit, surtout s'il est en bas âge : les temps de sieste sont incontournables, il faut tenir bon et ne pas céder s'il veut plus de relationnel ou de jeu.

• Commencer à baisser l'ambiance avant le coucher : éteindre progressivement les lampes, baisser le son de la radio ou de la télévision, parler moins fort, préparer sa chambre à coucher, éviter les jeux de stimulation comme les mobiles bruyants ou autres gadgets style « dessin animé pour s'endormir ».

• Et surtout, ne pas le reprendre, lui donner des aliments ou répéter les histoires du soir s'il vous réclame.

• S'il n'est pas malade, laissez-le pleurnicher et pensez fortement qu'il a déjà eu beaucoup avec vous aujourd'hui et que sa pseudo-détresse signe plutôt un excès d'activité, sans doute un trop-plein d'amour et non une angoisse d'abandon. « L'excès de présence parentale » est sûrement plus actuel que le manque affectif. Encore une confusion avec les époques où les parents n'appréhendaient l'enfant que comme une gêne, quitte à le délaisser ou à le confier à quelqu'un d'autre. Encore faudrait-il prouver que ces enfants-là étaient tous déséquilibrés plus tard...

Attention, le manque de sommeil se traduit généralement par une escalade de comportements négatifs. Les enfants hyperactifs n'ont jamais sommeil ! Soyez très vigilants et très exigeants sur les temps de sieste, de repos et la durée des nuits selon l'âge de votre enfant. Les guides des pédiatres sont en général de bon conseil pour bien appréhender l'alimentation et les rythmes d'éveil et de repos des enfants.

PARENTS MODÈLES ?

Il n'est pas question de vous transformer en parfaits parents, après tout, voir de la faillibilité chez son père et sa mère est aussi un bon exemple d'acceptation du principe de réalité. En revanche, oublier le rôle de modèle que nous représentons pour nos tout-petits, c'est omettre un principe de base en éducation : l'enfant, dans ses toutes premières années n'a pas besoin de trop de langage mais d'exemples de comportements autour de lui. Quand j'entends ces perpétuelles remarques parentales sur « Mais vous savez, nous lui avons appris certaines valeurs morales » j'ai cette sensation que l'on attend les bons offices du Saint-Esprit. Lorsque je demande ce qu'ils font avec leur enfant et surtout ce qu'ils montrent à leur enfant, les réponses sont maigres. Sans être parfait, il est indispensable d'appliquer cette nouvelle règle :

Évitons les attitudes que nous ne voulons pas voir chez notre enfant :

• Jurer pour la moindre frustration si vous êtes un bricoleur amateur peut stimuler votre enfant à faire de même devant la moindre contrariété s'il est tout prêt de votre atelier.

• Passer beaucoup de temps de loisirs devant la télévision peut en faire un futur « addict » du télévisuel ou de l'ordinateur.

• Ne jamais vous voir aider aux tâches ménagères peut exacerber son égocentrisme.

• Ne jamais pratiquer régulièrement un sport peut générer un évitement de l'effort chez votre enfant.

Récompenses et sanctions

Entre 2 et 3 ans, l'enfant dit « non » à tout. Le bon vieux conseil : « Soyez souple et évitez le rapport de force » ne fait qu'amplifier les comportements négatifs, au titre de ce fameux principe de l'escalier : si vous n'intervenez pas dès la première marche, quand l'enfant a une attitude particulièrement inadéquate, il vous faut répondre immédiatement à sa transgression et non attendre ou éviter le conflit. Eh oui, être parent c'est aussi sanctionner l'enfant même s'il est tout petit !

Plus votre enfant est petit et plus il est souhaitable d'appliquer certaines règles s'il se montre particulièrement « offensif » au quotidien.

RÉCOMPENSEZ LES COMPORTEMENTS POSITIFS ET FAITES-LE RAPIDEMENT ET SOUVENT !

Il n'est pas utile d'instaurer un système de récompenses qui n'inclurait que de la « consommation ». Avant l'acquisition du langage, il est plus important d'être gratifié par ce que l'on appelle des récompenses relationnelles : des sourires, des caresses, des bisous, des petits mots réconfortants ou gratifiants, un contact visuel chaleureux, un enlacement.

NE RÉCOMPENSEZ PAS ACCIDENTELLEMENT LES COMPORTEMENTS NÉGATIFS !

« Maman, je ne veux pas aller au lit ! », le petit Édouard quémande puis hurle sa revendication. Finalement la mère réplique : « Calme-toi, tu peux rester avec moi cinq minutes mais après, au lit ! » Le tout-petit n'est pas pervers : il ne comprend pas réellement qu'il peut enfreindre une exigence en pleurant ou hurlant, il n'est pas en train d'analyser qu'il vient d'atteindre l'émotionnel de sa maman. En revanche, il vient d'apprendre qu'il peut être gratifié après une attitude désagréable ! Il n'en faut pas plus pour qu'il récidive rapidement.

SANCTIONNEZ IMMÉDIATEMENT ET DOUCEMENT LES ATTITUDES INADÉQUATES !

Votre tout-petit vient de briser un vase du salon alors qu'il lui a été répété qu'il ne devait pas utiliser le tricycle hors de sa chambre : vous supprimez le tricycle pour quelques jours ! Il est souhaitable de toujours trouver une conséquence proportionnée aux petits passages à l'acte. Souvenez-vous, attendre ne fait qu'amplifier votre émotionnel et vous serez tentés d'interdire le tricycle pour un mois si vous avez tardé à prendre immédiatement une décision. Ce genre de « sanction émotionnelle » n'aura que peu d'effet parce que rarement tenue !

Mais sanctionner ne veut pas forcément dire punir ou interdire. Il est souvent possible d'agir différemment pour stopper un comportement insupportable. Le petit Louis, à peine un an, entre dans des colères terribles dès que sa maman ne s'occupe plus de lui (tout a été vérifié côté hygiène, alimentation, sommeil, santé, partage, jeux, etc.). Inutile de parlementer, il est souvent plus efficace de pratiquer ce que l'on appelle : « L'ignorance intentionnelle ».

L'IGNORANCE INTENTIONNELLE

Cette attitude se révèle payante devant des comportements coercitifs, lorsque l'enfant agit de telle ou telle façon pour faire céder le parent : crises de colère, hurlements, pleurs exacerbés sans cause réelle, demandes incessantes pour obtenir quelque chose, respiration volontairement retenue :

– ne plus faire attention à l'enfant ;

– ne pas rentrer dans du verbiage ;

– tourner la tête, éviter le contact visuel ;

– ne pas montrer de la colère dans vos gestes ou postures ;

– faire semblant d'être très pris par une tâche ;

– renouer le contact dès que le comportement cesse.

ENCOURAGEZ-LE DANS SES EFFORTS !

N'oubliez jamais d'exprimer votre satisfaction quand votre enfant ne manifeste plus le comportement reproché :

– Il partage ses jouets au lieu de hurler dès qu'on lui en prend un... dites-lui que c'est gentil de jouer avec les autres.

– Il ne frappe plus les petits copains en jouant... montrez-lui que tout le monde apprécie son attitude.

– Il ne saute plus sur le canapé... insistez sur le fait qu'il respecte vos affaires.

– Il ne mange plus en jetant de la nourriture partout... dites-lui combien cela fait plaisir quand il ne salit pas tout votre travail.

– Il fait un bisou le matin sans qu'on lui demande... félicitez-le de vous donner chaud au cœur.

C'est la règle du « renforcement positif ».

Il est essentiel de bien signifier à l'enfant que l'on a vu l'effort qu'il faisait dans sa zone d'échec (ce qui lui est régulièrement reproché) : on lui exprime clairement sa satisfaction et on n'attend surtout pas que tout soit impeccable. Il range mieux ses jouets, il faut lui dire même si tout n'est pas extraordinaire : « J'ai vu que les peluches sont bien rangées dans la malle, cela aide bien maman ! »

Éviter aussi de lui reprocher, malgré cette nouvelle attitude, de ne pas se laver les mains avant de passer à table. Chaque chose en son temps, l'enfant risque de ne percevoir que ce reproche et se démotivera bien vite : « Quoi que je fasse, ils ne sont jamais contents... »

UTILISEZ LA CAROTTE !

Lorsque l'enfant est encore petit mais à l'âge de la maternelle, il apprécie souvent un système de récompenses liées à ses efforts, là où d'habitude il a beaucoup de mal à changer. Cette règle dite « économie de jetons » particulièrement bien reprise dans l'excellent guide de Gisèle George, *Mon enfant s'oppose*[5], mérite quelques mots. Bien souvent, lorsque l'enfant fait un gros effort pour s'amender, il lui faut plus que du relationnel pour se voir récompenser. De même que tel ou tel chauffeur sanctionné par un retrait de points apprécie de les récupérer et se moquerait d'un « merci de votre conduite » de l'autorité locale, l'enfant a besoin de concret pour marquer ses progrès.

Tenir un petit tableau, que l'on aura bien sûr commenté avec l'enfant auparavant, n'est pas bien difficile. Vous décidez de bien cibler les comportements que votre enfant se doit absolument d'améliorer et vous indiquez combien de bons points cela va lui rapporter s'il fait des efforts (et aussi combien de mauvais points cela lui coûtera s'il récidive dans ses dysfonctionnements). Vous faites le tableau sur une semaine et ferez ainsi la somme des points gagnés ou perdus. La règle

5. *Mon enfant s'oppose. Que dire, que faire ?*, « Guide pour s'aider soi-même », Paris, Odile Jacob, 2002.

est simple : pour tel nombre de points, cela vaudra à l'enfant telle ou telle récompense. Il n'est pas utile de n'inclure que des récompenses matérielles, l'objectif n'est pas forcément d'enrichir les multinationales du jouet ou du loisir. Vous pouvez très bien lister avec votre enfant ce qu'il aimerait faire s'il faisait des efforts de comportement. Ainsi, nous avons souvent vu que beaucoup de petits enfants souhaitaient jouer avec leurs parents comme récompense et non une sortie au cinéma ou une quelque autre consommation. Une balade à la mer en famille est souvent plus demandée que l'achat d'un nouveau jeu sur cédérom.

LE CALENDRIER DES RÉCOMPENSES

OBJECTIF : ÉMILIE DOIT RANGER SA CHAMBRE TOUS LES JOURS APRÈS AVOIR JOUÉ

Récompense	1 point par jour si le rangement est fait sans problème
Gratification	Achat d'une revue = 4 points. Jouer à un jeu de société avec papa = 5 points. Rester avec la famille jusqu'à 9 h 00 un soir de la semaine = 10 points. Balade en famille à la campagne = 10 points. Achat d'un jouet = 30 points.

« Papa, maman, soyez frustrants, ça me construit »

SACHEZ DEMANDER

Même si vous désirez fortement que votre enfant obéisse, il est préférable de s'adresser à lui avec un : « S'il te plaît, range tes jouets » que de crier un : « Viens là et range ! » Hurler un commandement à la manière d'un adjudant des *Marines* n'est pas indispensable en premier lieu : la demande doit être ferme mais courtoise. En revanche, si l'enfant résiste, il vous faudra hausser le ton pour affirmer votre demande.

Évitez les formules trop générales, l'enfant a besoin d'une communication ou d'attitudes très claires.

Les remarques ou questions inefficaces	*Une communication, des actes clairs*
Tu n'en fais qu'à ta tête !	Tu ne m'écoutes pas quand je te parle.
Pourquoi faut-il tout te répéter ?	Tu ne mets la table qu'au cinquième rappel.
Cesse de regarder la télévision, occupe-toi de tes devoirs !	J'éteins la télévision, tu dois travailler.

L'ESCALADE

L'enfant ne comprend pas, il continue de sauter sur le canapé alors que vous lui aviez interdit. Plus question de « s'il te plaît » : il est souhaitable de prendre un ton plus affirmé : « Émilie, tu sais que je ne veux pas que tu sautes sur le canapé, arrête ! » La manière de dire est très importante : le « commandement » se doit d'être clair et explicite. Évitez les réflexions du style : « Fais quelque chose de tout ce désordre » et signalez-lui clairement : « Range ce jouet sur l'étagère. » Les questions ne font que renforcer certaines attitudes négatives chez l'enfant : au « Pourquoi tu sautes sur le canapé ? », l'enfant saura répondre « Parce que c'est drôle » et vous risquerez de réagir désormais à l'émotionnel (« Il se moque de moi ! »).

Faites attention à ne pas rentrer dans de véritables argumentations pour vous faire obéir : « Tu sais, si tu salis ce canapé, cela coûtera de l'argent et en ce moment il faut faire attention aux dépenses... » Il est conseillé d'user de ce genre d'arguments avant la désobéissance, au moment de poser l'interdit : « Je te demande de ne pas jouer sur cette étagère parce que tu pourrais faire tomber des objets qui ont de la valeur, etc. » Il est souvent utile d'expliquer de nouveau le pourquoi d'un interdit après une transgression : « Si je me suis fâché tout à l'heure et que tu as été sanctionné, c'est parce que sauter sur le canapé, ça salit et qu'il faudra payer pour le nettoyer. »

Ce n'est pas au moment où l'enfant désobéit qu'il faut argumenter. Votre attitude doit être ferme et sans verbiage : « Descends du canapé ! »

Lorsque rien n'y fait

IL CONTINUE ? : « STOP ON ARRÊTE TOUT ! »

Rien n'y fait, ni la demande douce (« s'il te plaît »), ni le ton ferme et assuré « Descends ! ». Il vous faut passer à l'étape suivante : « *Stop on arrête tout !* ». Vous prenez votre enfant dans vos bras et l'emportez vers un lieu de retrait, si possible une autre pièce où il ne va pas retrouver d'autres stimulations. Cela peut être sa chambre si vous enlevez ses jouets favoris, ou un quelconque autre lieu s'il n'y a pas de quoi annuler votre sanction, c'est-à-dire si ce n'est pas un endroit où l'enfant va se trouver d'autres gratifications : retrouver un frère ou une sœur, un parent, etc. La pièce du « *Stop on arrête tout !* » doit avoir un caractère d'isolement sans qu'il s'agisse de retourner aux placards, aux caves ou autres greniers d'antan.

QUELQUES CONSEILS POUR SE FAIRE OBÉIR D'UN ENFANT EN BAS ÂGE LORSQUE LA SIMPLE REMARQUE NE SUFFIT PAS

– S'approcher physiquement de l'enfant (ne pas crier du fond d'une pièce).
– Montrer un visage sévère (ne pas sourire en même temps, il est si mignon !).
– L'appeler par son prénom (évitez les « mon trésor » à ce moment-là...).
– Bien le fixer du regard (ne regardez pas le canapé !).
– Forcez votre voix pour plus de fermeté (ne pas parler sur un ton de comptine).
– Répétez votre demande simplement et clairement (pas de plaidoirie).
Appliquez la règle du « *Stop ! On arrête tout !* » s'il persiste (se dispenser de répéter une multitude de fois si rien n'y fait).

LA FESSÉE ?

Dans ces temps de réaction, les professionnels de la santé les plus permissifs (du moins sur le plan théorique) semblent banaliser la fessée ou la paire de claques : une bonne gifle n'a jamais traumatisé personne ! S'il est vrai qu'une petite tape sur la main d'un enfant très agité peut lui permettre de stopper un comportement où il peut se mettre en danger (pour qu'il évite de se brûler en mettant le doigt sur les plaques électriques dans sa période d'exploration) la fessée ne saurait être relativisée. Il s'agit bien d'une violence et la fessée signe le plus souvent un état émotionnel disproportionné chez le parent. C'est le début d'une frappe militaire en famille et l'enfant risque de renforcer sa résistance avec le cercle vicieux de toute entreprise guerrière.

Écarter un enfant de la vie familiale parce que l'on juge ses comportements trop offensifs et inadaptés est d'une tout autre efficacité. De plus, cela se fait généralement calmement, sans émotions particulières, surtout si cette sanction a été clairement explicitée à l'enfant selon son âge : « Tu ne peux plus obéir, stop ! » pour le tout petit au « Tu sais que je t'isole pour que tu puisses te contrôler ! » pour un plus âgé au « Ce stop signe notre désaccord avec notre façon de fonctionner à la maison » pour le pré-adolescent.

LE THÉRAPEUTE : *Comment en êtes-vous venu à la paire de gifles ?*

LA MAMAN : *Je n'en pouvais plus, il n'arrêtait pas de me répondre !*

LE THÉRAPEUTE : *Que lui aviez-vous dit ?*

LA MAMAN : *Que j'en avais assez qu'il vole des morceaux de chocolat juste avant le dîner !*

LE THÉRAPEUTE : *Et que disait-il ?*

LA MAMAN : *Toujours la même chose : que ses petits copains pouvaient le faire lorsqu'il était chez eux !*

LE THÉRAPEUTE : *Autre chose ?*

LA MAMAN : *Je lui disais que chez nous, c'était différent et que j'en avais assez d'avoir un enfant effronté, qui justifie toujours ses bêtises... et là-dessus il répliquait des « Toi t'es pas sympa » et moi de lui dire des « Avec toi on n'a que des ennuis... »*

LE THÉRAPEUTE : *Et finalement, excédée, la paire de gifles... Et s'est-il passé quelque chose de spécial au dîner ?*

LA MAMAN : *Non, pourquoi ? Il n'était pas de bonne humeur, mais il a mangé ce qu'on lui donnait !*

Et même le dessert... cette maman, qui avait « craqué » émotionnellement, se montrait particulièrement inefficace : un simple « Chocolat mangé avant dîner = pas de dessert ce soir » aurait suffi ! Mais lorsqu'il y a émotion, jamais de punition et surtout lorsqu'il y a rejet d'où le risque de futurs comportements déviants chez l'enfant qui se voit rejeté dans son entier et non sanctionné pour un comportement inadéquat.

La sanction empêche le ressenti de rejet chez l'enfant : « Il sanctionne mon attitude, pas moi en tant qu'enfant. »

C'est le *time out* dans la culture anglo-saxonne. Il est quelquefois utile lorsque nos interventions s'avèrent inefficaces de protéger l'enfant contre lui-même en lui demandant ou en l'emmenant (*manu militari* mais sans violence) dans un lieu d'isolement.

TIME-OUT !

Cette sanction doit être immédiate et plus l'enfant est en bas âge plus elle se doit d'être temporaire. Quelques minutes suffisent pour un enfant de 1 an à 5 ans. Cette sanction trop souvent qualifiée de « rejetante » est malheureusement la seule issue pour ne pas être débordé par une escalade de comportements négatifs lorsque son enfant ne cède pas. Vous le savez quand le ton monte et que l'enfant se désorganise de plus en plus, l'émotion va nous emporter et c'est bien là que nous risquons de le rejeter affectivement. Devant ses hurlements qui ne cessent d'augmenter, nous allons le saisir non pas fermement mais violemment pour le mettre dans sa chambre avec des réflexions du genre « Vraiment si on avait su qu'on aurait un gamin comme ça... », « Cet enfant est méchant, on en a marre ! »

Isoler notre enfant permet un arrêt des débordements et le sécurise dans un premier temps. Ce « stop on arrête tout ! » est le dernier recours devant certaines attitudes outrancières comme :

– il frappe le petit frère ou la sœur,

– il se montre asocial dans un groupe d'enfants,

– il a une véritable crise de colère,
– il détruit ses jouets,
– il tire les cheveux, griffe d'autres tout petits, etc.

Le père et la mère doivent-ils parler d'une même voix ?

Nous, les parents, avons vécu une histoire infantile différente, nous avons aussi des rêves ou des fantaisies différentes concernant notre progéniture. Par-dessus tout, nous sommes nous-mêmes plus ou moins tolérants aux frustrations, plus ou moins conflictuels lorsqu'il s'agit d'éducation. Que la maman soit celle qui exerce l'autorité plus souvent que le père, peu importe s'il y a cohérence entre les deux. Les deux parents se doivent de communiquer, d'évoquer leurs divergences, leurs blocages mais au final, il leur faut trouver un accord, une règle de fonctionnement intangible devant l'enfant.

Bien sûr, l'enfant a besoin de voir des différences, de ne pas avoir des adultes clonés qui affirment, répondent, parlent, agissent toujours de la même façon. Mais lorsqu'il s'agit d'interdits, plus de discussion ou de comparaison possibles, l'enfant doit clairement intégrer que tout son environnement est d'accord avec la règle émise. C'est déjà bien dur entre conjoints mais il ne faut pas oublier la cohérence avec la fratrie et surtout avec les grands-parents. Lorsque certains petits-enfants se révèlent très offensifs et difficiles pour accepter certaines contraintes ou frustrations, tous les interlocuteurs se doivent de parler d'une même voix. Le grand-père qui ne gronde pas son petit-fils quand il lance la nourriture du goûter sur la moquette (alors que les parents ont bien insisté sur cette « cible éducative ») collabore avec l'enfant roi et désavoue ses parents. La nourrice qui allume le poste de télévision alors que vous avez toléré ce loisir dans un cadre bien précis, renforce l'omnipotence de l'enfant.

Dans tous les domaines où vous exigez ou interdisez, tous les intervenants doivent être cohérents, exiger et interdire la même chose.

En dehors des règles de vie « frustrantes », rien n'interdit au papa de faire le clown à table ou à la maman de chanter à tue-tête lors de la balade au jardin public, l'enfant sait faire la différence entre originalité et permissivité. Lorsque les éducateurs sont incohérents, il sait bien qu'il va immédiatement obtenir quelque chose ! Lorsqu'ils sont différents, il apprend à reconnaître autrui.

Mais ce sujet devient encore plus important quand le petit homme se rend compte de son individualité et des rôles parentaux, après 4 ou 5 ans. Nous le verrons et le développerons dans le chapitre suivant avec la quête difficile de la cohérence éducative lorsque la famille est éclatée.

CHAPITRE 3

Période de turbulence : de 6 à 13 ans

Et pourtant me direz-vous, l'enfant de cette période dite « de latence », entre 6 et 13 ans ne manifeste pas beaucoup de difficultés. Il se réserverait pour la fameuse crise d'adolescence.

Qu'il entre dans « l'âge de raison » ou dans la « période de latence » définie par la psychologie traditionnelle, je suis toujours surpris par le contraire : c'est dans ces âges, entre 6 et 13 ans, que les enfants testent le plus l'autorité adulte et c'est souvent une étape clé pour équilibrer leur quête incessante du principe de plaisir avec le principe de réalité.

En fait, c'est un moment difficile pour l'enfant : il quitte la toute petite enfance et doit accepter les nouvelles frustrations de l'école primaire, l'émulation, les comparaisons avec les copains. C'est aussi un moment difficile pour les parents qui voient leur enfant entrer dans ce que j'appelle le « deuxième stade de l'omnipotence infantile », l'étape de l'« enfant castrateur » : je menace, je séduis et je manipule les autres.

Les règles, c'est une question d'habitude

LE THÉRAPEUTE : *Pourquoi cette haine envers ta maman ?*

SONIA (12 ans) : *Elle me cédait tout et maintenant, elle suit vos conseils...*

LE THÉRAPEUTE : *Tu aurais voulu qu'elle fasse quoi ?*

SONIA : *Qu'elle fasse tout ça avant !*

LE THÉRAPEUTE : *Tout ça ?*

SONIA : *Votre éducation !*

LE THÉRAPEUTE : *Tu parles de la tienne ?*

SONIA : *Vous moquez pas... la mienne bien sûr !*

LE THÉRAPEUTE : *Tu aurais voulu une maman plus sévère avant ? Tu es sûre que tu aurais aimé une mère qui t'aurait interdit les sorties que tu réclamais, une mère qui t'aurait demandé de rester un dimanche matin pour tes devoirs au lieu de rejoindre tes cousines pour t'amuser ?*

SONIA : *Comme ça, j'aurais pris l'habitude pour maintenant !*

Sonia a tout compris. Les différentes exigences, règles ou interdits que je vous propose d'énoncer à vos enfants sont non seulement une façon de lutter contre cette fameuse « intolérance aux frustrations » que guide le principe de plaisir naturel de l'enfant, mais aussi et surtout une manière d'habituer l'enfant à ne pas faire tout ce qu'il veut, à ne pas tout obtenir, et ainsi, à accéder peu à peu à la réalité.

N'hésitez pas à lui demander de :

- nettoyer la douche ou la baignoire après utilisation,
- sortir les poubelles régulièrement,
- vider le lave-vaisselle,
- passer l'aspirateur dans sa chambre,
- aider au nettoyage d'une pièce commune à la famille,
- plier le linge,
- passer l'aspirateur dans la voiture,
- mettre la table pour le petit déjeuner,
- mettre le couvert en général,
- participer à certaines courses,
- nourrir les animaux domestiques, si vous en avez.

La liste n'est pas exhaustive. Bien sûr, selon l'âge, à vous de doser les exigences. Mais tentez de bien équilibrer très tôt ce que l'enfant doit faire pour lui et ce qu'il peut apporter à la communauté familiale. Quand vos demandes ne sont pas satisfaites, il faudra passer aux étapes suivantes.

FAITES UN CONTRAT !

Lorsque l'enfant est à l'école primaire, il maîtrise bien le langage, il apprend peu à peu des règles de socialisation et peut être stimulé par un contrat, une sorte de défi que vous allez initier en tant que parents. Les rappels uniquement verbaux n'arrivent pas toujours à atteindre un enfant qui, la plupart du temps, s'inscrit dans l'immédiateté. Établir un contrat permet de l'afficher dans la chambre, d'en parler souvent, bref de rendre l'exigence parentale bien réelle et vivante et surtout constante.

EXEMPLE DE DÉFI !

Julien *(nom de votre enfant)* est d'accord pour donner à manger aux animaux tous les jours.
Nous, les parents sommes d'accord pour que Julien aille promener le chien avec ses copains un mercredi après-midi si tout est correctement fait pendant quinze jours.

____

____

____

Date du « défi » : ______________________

Signé par : ______________ *(signature de l'enfant)*

______________ *(signatures des parents)*

QU'IL RESPECTE SES FRÈRES ET SŒURS !

« Le plus important, précise Claude Halmos dans un numéro hors série du magazine *Psychologies*[1], est que les parents ne prendront pas parti dans ces disputes. D'abord, car il leur est impossible de savoir "qui a commencé" ou qui a tort ou raison. Ensuite, car en intervenant, ils deviennent un enjeu. Il est donc préférable d'envoyer les enfants régler leur problème entre eux... »

Non, c'est le rôle du parent de repérer si, parmi les enfants, il n'en existe pas particulièrement un qui domine toute la fratrie et prend pour souffre-douleur tel ou tel petit frère ou sœur. La régulation des enfants entre eux est du plus grand romantisme. En fait, les enfants offensifs et leaders savent régner sur les plus doux. Intervenir, c'est leur montrer qu'il existe des interdits dont un incontournable : le respect des plus petits ou plus simplement des plus faibles en général. En censurant ces comportements d'omnipotence nous protégeons et respectons son auteur : c'est parce que je t'aime que je t'interdis d'avoir des *comportements* qui sont intolérables, « *tu n'es pas* odieux ! ».

1. Octobre 2003.

DES HORAIRES POUR LES REPAS ET LE COUCHER

Quand il n'y a pas d'horaires réguliers, quand l'heure des repas est liée au « Quand on a faim », l'enfant prend l'habitude de se nourrir n'importe comment, et les goûters deviennent des mini-repas. Ensuite, quand c'est l'heure de passer à table, nous sommes étonnés et nous nous plaignons du manque d'appétit de l'enfant. Sans opter pour un comportement de chef de gare, il est souhaitable de donner des consignes horaires régulières. Elles favorisent non seulement l'émergence de repères, mais incitent surtout l'enfant à comprendre que se nourrir n'est pas uniquement la satisfaction de sa faim, mais aussi le partage en commun d'un moment privilégié.

De même pour l'heure du coucher, le « flou » ne doit pas régner. Quand l'enfant est tonique ou revendicateur en soirée, il arrive à reculer constamment l'heure du coucher et obtient bien souvent ce qu'il veut : regarder la télévision, gagner du relationnel, jouer tardivement. Les conséquences ne se font pas attendre : le gain de sommeil n'est pas régulier et des problèmes d'endormissement spontané (particulièrement à l'école) ou d'hyperactivité peuvent surgir.

DES « ROUTINES », DES TÂCHES MÉNAGÈRES

Les demandes d'aide ménagère ne sont pas un abus de pouvoir parental. Pourtant, persiste encore ce que j'appellerai un « syndrome Cosette » : exiger d'un enfant des tâches ménagères reste culturellement douteux, il y a toujours soupçon d'exploitation de l'enfant. Qu'un enfant de 10 ans aille faire quelques courses si les commerces sont à proximité, qu'il participe au ménage d'une pièce en plus de sa chambre, qu'il aille ramasser les fruits d'un verger ou récolter les salades, cela sent le crime de lèse-majesté. « Il aura bien le temps de s'ennuyer avec tout ça ! »

Il ne s'agit pourtant que de partage, d'aider les parents ou la fratrie et de progressivement initier l'enfant à une réalité : quand tu seras grand, excepté si tu deviens richissime, il te faudra mettre la main à la pâte pour te nourrir, te blanchir et vivre dans une certaine qualité de vie environnementale. Mais l'essentiel, vous l'avez compris, c'est surtout : « Que puis-je faire pour aider les autres ? » Ce n'est pas de l'esclavagisme, c'est de la réciprocité.

Nous employons le terme « routine » à bon escient : en effet, les parents permissifs n'établissent jamais de règles ou exigences régulières. L'enfant « aide » quand il le veut bien.

LA TENUE DE SA CHAMBRE

J'y reviendrai plus en détail pour la période de l'adolescence : là encore, il existe de nombreuses hypothèses selon les différentes chapelles. Je défends encore une fois la nuance, l'équilibre. Entre ne rien tolérer d'un décor voulu par l'enfant et le laisser déchirer le papier peint, griffonner la peinture sans aucun respect pour ceux qui ont aménagé la pièce (c'est rarement l'enfant !), il existe une règle moyenne : accepter ce qui singularise votre enfant dans ses goûts, ses options, ses loisirs mais refuser tout ce qui ne respecte pas votre philosophie de vie et les membres de la famille (non-respect des murs ou des meubles par exemple).

S'il y a destruction, casse gratuite, l'enfant doit réparer : qu'on l'aide s'il est petit mais, en tout cas, qu'il participe. J'ai trop souvent entendu ces pères qui maugréaient après « Le petit qui a tagué tout un mur peint ! », mais qui reprenaient allégrement le pinceau le week-end suivant quand la progéniture en cause regardait la télévision.

L'ÉCOLE OU L'EXPÉRIMENTATION DE LA FRUSTRATION

Lorsqu'il était en âge d'être scolarisé, André Gide suivait les cours particuliers d'un professeur plutôt amène et non conflictuel. Cette gentillesse ne lui apportait rien : « L'effort de l'enfant était considérablement épargné ; grâce à quoi il ne retenait plus rien [2]. » Il lui fallut rencontrer d'autres enseignants plus directifs pour enfin accéder au savoir, nous connaissons la suite, pas de prix Nobel sans efforts ni contraintes !

Ne banalisez pas le scolaire, c'est souvent là, parce qu'il est brillant, que l'enfant au bon potentiel manipule l'adulte puisque les résultats sont le plus souvent dus à un talent et non à un quelconque effort.

Ne soyez pas dupes, un élève intelligent peut, du CP à la classe de seconde, passer de classe en classe avec de très bons résultats sans fournir trop de travail. Après, c'est une autre histoire ! Vous devez être très exigeants dès le plus jeune âge pour que votre enfant prenne les habitudes de travail quotidien régulier, cette gestion du temps étant une des clefs de la réussite scolaire en général.

Victime moi aussi d'une petite intolérance aux frustrations en cette fin de journée, je reprendrai un passage

2. *Si le grain ne meurt*, in *Souvenirs de voyage*, Paris, Gallimard, La Pléiade, p. 125.

de mon ouvrage *De l'enfant roi à l'enfant tyran* : « S'il a pris le pouvoir, il n'est pas question de demander à un enfant de se mettre au travail de telle à telle heure, il décide du moment et du "lieu" pour soi-disant travailler : le plus souvent après une période de satisfaction ou plaisir ; jeu vidéo, rencontre avec des amis. Le "contexte" choisi est bien sûr une pièce le plus souvent "commune", avec des sollicitations possibles, un poste TV à portée de main et le téléphone à bonne distance lui aussi. Sachons donc lui imposer un temps et un lieu de travail quotidien et ne tombons pas dans son fameux "Je n'ai rien à faire pour demain". Imposons-lui un temps d'apprentissage ou de révision qui corresponde à son âge et au niveau de sa classe. Il doit s'habituer à un rythme et non créer "son" rythme qui est de ne se contraindre que lorsqu'il n'y a plus d'échappatoire. Travailler régulièrement chaque jour participera aussi à cette lutte contre le "Je fais ce que je veux" et intégrera progressivement cette nouvelle loi pour lui jusque-là inconnue : la frustration qui s'intègre à petites doses est beaucoup plus supportable que la masse de travail que réclament toujours les contraintes accumulées. »

Et non seulement savoir imposer mais aussi contrôler, vérifier même si vous entendez votre enfant clamer : « Vous n'avez pas confiance en moi ! » Ce n'est pas une question de confiance ou d'amour : « Nous te voyons embarrassé avec ton intolérance aux frustrations, nous prenons les remèdes adéquats ! »

QUELQUES CONSEILS

POUR VOTRE PETIT ÉCOLIER

– S'il est jeune, bien vérifier régulièrement l'état du cartable, du petit matériel d'école.
– Vérifier s'il a bien appris une leçon ou effectué un devoir, désapprouver dès qu'il est « hors norme ».
– Rencontrer régulièrement les enseignants pour non seulement vérifier la réalité scolaire de l'enfant, mais aussi pour évaluer les changements de comportement et d'attitude dans le court terme.

Ne répondez pas à toutes ses demandes !

Voici quelques contextes où nous avons souvent tendance à anticiper les demandes de notre enfant, alors que ce serait une bonne occasion d'inclure une dose homéopathique de frustration...

QUELQUES RÉPONSES

AUTOUR DE CERTAINS EXEMPLES

Il pleut dehors

Nous ne sommes pas obligés de trouver immédiatement des loisirs de compensation ni de tolérer de longues heures de télévision ou de jeux vidéo : une décision à la Salomon sera une fois de plus la bienvenue. Le « Peux-tu t'occuper dans ta chambre ? » est préférable au « Que pourrais-je bien faire avec toi ? » mais si la pluie est discontinue (je suis pour ma part un parent normand !...) rien ne nous interdit de partager un jeu de société ou la préparation d'un goûter. Cela peut être aussi le moment de passer le petit coup de fil tant attendu par la grand-mère ou tout simplement d'aider la famille pour une quelconque tâche.

Les dimanches

Idem pour les jours de repos, savoir alterner les journées pour les enfants et celles pour les parents sans compenser avec de la surconsommation ! S'il est toujours souhaitable de ne pas rentrer dans les routines du « Dimanche pour les enfants », il n'est pas question non plus d'instaurer un « Jour des parents ». Savoir partager un déjeuner fast-food avec nos enfants, visiter le zoo régional de temps à autre, réserver un week-end dans un parc de loisirs doivent rester des événements exceptionnels. Qu'est-ce qui rendait la fête foraine de notre village si grandiose ? Sa rareté. Quand j'écoute les enfants me parler de ce qu'ils ont fait le dimanche je n'entends que consommation : restaurants, cinéma, fêtes, c'est le jour du loisir. Pas question de systématiser les « Occupe-toi tout seul » et d'imposer tout le temps le rythme parental. Entre les balades en forêt et les visites

« à la famille » d'antan, sachons répartir nos activités, pour nous et aussi pour eux.

Les vacances

Vous emmenez vos enfants et non l'inverse : attention aux sollicitations des marchands : « Des vacances de rêve pour vos enfants... » Et vous ? L'idéal : savoir lier les deux, mais si l'on n'a pas la fortune désirée, sachez qu'un enfant apprendra beaucoup de « n'avoir que des vacances avec la famille ! ».

Les événements exceptionnels avec les parents

Est-ce si insupportable d'aller voir les grands-parents, d'assister à des réunions de famille ? C'est souvent là que l'on transgresse certains interdits !

Écouter de la musique

Acceptez que votre enfant n'aime pas particulièrement Bob Dylan (ce qui est très dur pour moi !), mais exigez que sa musique n'envahisse pas toute la maisonnée (même si vous-même, vous passez Dylan un peu fort !)

Les anniversaires

Évitez la surenchère : le quotidien est une fête, les fêtes sont des anniversaires, les anniversaires sont des Noëls, les Noëls vont être des... N'oubliez pas que derrière la demande de certains enfants d'avoir beaucoup d'amis à leur anniversaire se cache le souci d'avoir de nombreux présents, je voulais dire cadeaux bien entendu ! Ne tombez pas dans le panneau : invitez les vrais amis et que votre enfant participe à la fabrication des gâteaux, à la décoration, vous obtiendrez le prix d'excellence !

Les revues, magazines

Nous n'aimons pas la censure. C'est une chose de tolérer des revues niaises que les enfants s'échangent, c'en est une autre de les abonner sous la pression des organismes de publicité des multinationales.

L'alimentation

Pareil pour la nourriture, écoutez plutôt les conseils des diététiciens et non le champ des sirènes de la « malbouffe ». Pas question non plus d'ignorer à tout prix les hamburgers, mais savoir rendre exceptionnels les sorties aux fast-foods. Imposer certains aliments est mal vécu, mais il s'agit bien d'éducation et pas seulement de plaisir (revoir les commentaires du chapitre précédent).

L'argent de poche

Ce n'est pas un dû. Il est souvent recommandé d'instaurer un système d'argent de poche dès l'entrée au CP : le petit homme verra le lien entre ses efforts fournis à l'école et une petite récompense hebdomadaire. Ce n'est pas du chantage, c'est une rémunération pour un travail accompli (nous sommes d'ailleurs tous victimes de ce chantage !). Ne plus entendre les enfants qui me parlent de « leur argent » et qui, à ma question : « Que fais-tu pour avoir cet argent ? », me répondent offusqués : « Mais c'est mon argent ! »

Les copains (les premières sorties)

Elles doivent être régulées et contrôlées. Nous avons un droit de regard sur ses fréquentations et pouvons interdire des sorties que nous jugeons inappropriées. Notre enfant n'est pas encore adolescent, s'il prend l'habitude de « sortir » très jeune, que demandera-t-il plus tard ? La règle la plus adéquate est l'interdiction de sortir seul en dehors de ses parents, mais avec des exceptions très filtrées lorsque la demande est justifiée (la balade avec des copains certains beaux jours de fin d'année scolaire). Ne pas en faire un « droit » qui sera vite revendiqué puisque les « autres sortent déjà ! ».

Quant aux sorties nocturnes à cette tranche d'âge, c'est tout simplement non. Est-ce de l'anxiété parentale de vouloir regarder de plus près les fréquentations de notre enfant ? Pour moi, c'est encore de l'éducation et, dans ce cas précis, de la protection.

Il n'a pas de bonnes fréquentations...

« Existe-t-il de bons et de mauvais copains ? Si votre enfant se lie d'amitié avec le dernier de la classe, le bagarreur, le frondeur, c'est un appel détourné. Il est trop tenu, votre contrôle est trop strict ou votre éducation trop autoritaire ! Il a envie d'évasion, de fantaisie, d'ouverture d'esprit et de débrouillardise... » (*Psychologies*, hors-série). Il est donc souhaitable de laisser votre enfant fréquenter les copains les plus effrontés, les moins bien élevés, c'est un signe de rébellion salutaire ? Non, vous avez votre mot à dire si vous n'acceptez pas certaines relations que vous jugez trop déviantes. Il sera sans doute frustré de ce manque de liberté, mais se sentira protégé et vous saura authentique puisque vous direz tout haut ce que tout le monde pense tout bas.

Les animaux domestiques

Si vos écoutez votre enfant, vous aurez un zoo à la maison. Tenez bon, ne lui achetez pas un animal comme un jouet, il apprendra que c'est un être vivant et surtout testez l'amour des animaux de votre enfant en lui demandant déjà de s'occuper et de nourrir ceux qui sont déjà chez vous. Il faut nourrir quotidiennement même un petit poisson rouge. Mais qui le fait habituellement ?

La télé, les jeux vidéo ou autres Gameboy, Playstation et Nitendo

Les enfants sont fascinés par tout ce qui est visuel, ludique, excitant, c'est normal. L'anormalité est de les laisser indéfiniment devant un quelconque écran au détriment d'autres activités, de la lecture par exemple quand ils sont au CP. La règle : définir des temps précis de télévision et de jeux vidéo. Soyons des parents réalistes, autorisons notre enfant à regarder sa cassette préférée pendant la durée du film, mais sachons stopper dès qu'elle est finie. L'enfant, lui, en redemande une autre aussitôt, puisqu'il est dominé par son principe de plaisir et c'est là qu'il faut savoir interdire.

Tout est toujours affaire de mesure. Ne pas isoler notre enfant dans une culture hors temps, mais ne pas l'inscrire entièrement dans une culture voulue par les marchands. Toujours rappeler à l'enfant que la loi du groupe en matière d'achats et de loisirs n'est pas forcément la loi de la maison ! Résistez aux multinationales du jouet ou de toute consommation infantile en général. Tout est fait pour que l'enfant se lasse vite et consomme encore plus. Ainsi, très tôt, soyez vigilants sur les achats style jeux vidéo : certains s'avèrent très éducatifs (les jeux de stratégie en général) alors que beaucoup d'autres proposent une stimulation immédiate qui provoque vite une dépendance. Il vous faudra exiger un temps pour jouer à ces jeux vidéo. En général, dépasser une heure va mettre un assez jeune enfant dans une excitation et une demande exponentielle, « Je veux encore en faire ! » (D'où les futures dépendances à ces jeux à l'adolescence qui seront parfois classées dans les addictions.)

Pas question de tout censurer, il est souhaitable de tolérer quelques jeux « contemporains », mais il est aussi très utile de réguler d'autres demandes : éviter des jeux vidéo particulièrement violents où l'on tue, où l'on extermine, des jeux qui exacerbent le « Soi grandiose » comme disent les classiques, des jeux vidéo où le seul but est le pouvoir, la destruction de tout ce qui gêne, l'annulation de l'autre et du principe de réalité en général.

Quant aux cédéroms qui demandent des heures d'utilisation, là encore, les parents doivent autoriser un temps de consommation s'ils ne veulent pas voir leur enfant devenir plus tard un « Addict du PC » et passer des heures inouïes sur le net. Tout est toujours affaire de mesure : tout interdire exaspère le désir, tout permettre stimule uniquement le principe de plaisir, contrôler les achats et leur utilisation équilibre les deux principes de réalité et de plaisir.

NE PAS TOUT CÉDER À SON ENFANT

Votre enfant demande :	*Vous cédez : vous êtes permissif*	*Vous ne cédez pas : vous êtes exigeant*
Des friandises quand vous faites les courses.	Vous lui achetez des biscuits mais lui demandez d'être raisonnable sur la quantité !	Vous lui redites que vous n'êtes pas au restaurant et qu'il mangera à l'heure du dîner, son goûter était déjà copieux.
De regarder le « film du dimanche soir ».	Vous lui rappelez qu'il a école le lendemain mais l'autorisez à « regarder le début ».	Après le rappel pour l'école, vous éteignez le poste de télévision et l'accompagnez jusqu'à sa chambre.

À ne pas aller chez les grands-parents.	Vous lui demandez de vous promettre de venir la prochaine fois même si « Papy et Mamy ne sont pas très drôles »	Vous expliquez que c'est une visite pour faire plaisir aux grands-parents, vous lui imposez la sortie.
D'acheter un nouveau jeu vidéo dans un grand magasin.	Après négociation, vous lui demandez de vous rembourser à la maison avec « son argent ».	Vous refusez, même s'il promet de vous rembourser plus tard : aucune règle n'exige un achat pour l'enfant si vous faites vos achats, c'est un privilège adulte.
À aller voir le fameux film qui vient de sortir.	Vous savez qu'il ne le mérite pas vu sa scolarité en ce moment, mais lui demandez de mieux travailler « Dès demain ».	Vous lui rappelez qu'une sortie cinéma est coûteuse et qu'elle est liée à une récompense méritée. Que pourrait-il faire pour voir cette séance prochainement et non « Aujourd'hui, ça vient de sortir, les autres y vont bien ! » ?
À aller rejoindre des copains dans le quartier malgré la nuit tombée.	Vous le suppliez de rentrer pour le dîner et pas en retard comme l'autre fois.	Vous lui redites votre interdit : à son âge pas de sortie nocturne avec les copains, c'est trop tôt.

À vous... Votre enfant demande :	*Quelle serait une réponse « permissive » ?*	*Quelle serait une réponse exigeante ?*

Enseignez-lui l'hédonisme à moyen terme !

MONTREZ-LUI QUE REFUSER LES CONTRAINTES IMMÉDIATES AUGMENTE LES FRUSTRATIONS

• Éviter d'apprendre une leçon maintenant accumulera les lacunes pour un futur « rattrapage » pendant un dimanche, des vacances...

• Différer un devoir jusqu'à la fin d'un week-end ou des vacances ne donne que de la culpabilité pendant les soi-disant « loisirs ».

• Négliger telle matière scolaire l'obligera à y retourner dans le futur...

• Se disperser dans des activités ou loisirs, changer dès que la motivation baisse l'empêchera d'exceller...

• Ne pas nettoyer son vélo après une promenade nécessitera de l'huile de coude pour enlever la boue avant la prochaine sortie.

• Bien faire les petites tâches quotidiennes à la maison évitera les colères des parents et les éventuelles sanctions.

• Avoir une bonne hygiène (se brosser régulièrement les dents) empêchera les futurs problèmes médicaux.

• Prendre soin de ne pas se suralimenter constamment évitera une éventuelle obésité.

• Ne pas ranger régulièrement sa chambre exigera de bonnes heures de nettoyage…

Sanctionnez s'il le faut !

N'OUBLIEZ PAS LES TROIS RÈGLES
DES « SANCTIONS ET RÉCOMPENSES » :

– Récompenser immédiatement et souvent les comportements positifs,
– Éviter de récompenser accidentellement les comportements négatifs,
– Sanctionner rapidement et doucement les attitudes négatives.

LES CONSÉQUENCES LOGIQUES

L'enfant maîtrise le langage, sait « opérer » de plus en plus logiquement sur l'environnement (pour reprendre les stades de développement de l'intelligence dans le modèle piagétien). Il peut donc parfaitement comprendre que ses actes inadaptés peuvent « logiquement » lui causer des tracas.

Une fois de plus, ce n'est pas lui qui est en jeu mais son *comportement*, il a tout le loisir de pouvoir s'amender pour retrouver logiquement les acquis envolés à la suite de son dysfonctionnement.

Comportements inappropriés	*Conséquences logiques*
Refus de manger des légumes au repas	Pas de dessert
Ne descend pas à l'heure du repas, regardait la TV	Pas de télévision le lendemain
A mal fait un devoir pour l'école	Il le refait avant d'aller se coucher
Fait du vélo hors des limites prévues	Suppression du vélo pour plusieurs jours
A cassé un jouet au petit frère	En rachète un avec ses économies
S'est disputé avec la fratrie un dimanche matin	Il ne participera pas aux activités prévues avec les frères et sœurs
A brisé un appareil ménager	Fera un petit travail pour commencer à réparer

À la différence de la sanction ou de la punition, ces réponses à des comportements inadéquats ont le souci d'être une suite logique de l'acte posé. Tu fais hurler ton poste de radio, je le confisque un moment. Mais si les transgressions persistent et que les conséquences logiques apparaissent inefficaces, il vous faudra passer au stade supérieur : la punition, la véritable sanction. Tu dépasses les bornes avec ta musique, tu refuses d'aider ta mère, c'est la croix et la bannière pour ranger ta chambre, nous te privons de télévision pendant « x » temps. La réponse parentale n'est pas forcément logique, elle tend avant tout à frustrer plus fort, à punir l'acte posé.

LES « VRAIES » SANCTIONS

C'est très désagréable d'en arriver là. Passe encore une conséquence logique, mais instaurer un système de bons points ou de mauvais points pour certains comportements a une saveur de « Permis à points » qui transforme le parent en représentant de la loi pour ne pas être plus familier. Malheureusement, si les comportements inadéquats de votre enfant persistent, il faudra répondre un peu plus fort et bien lui signifier le pourquoi de votre démarche : Je te retire certains biens matériels ou certaines libertés parce que tu n'as pas entendu nos demandes. Ce sont bien tes attitudes qui nous contraignent et non l'inverse.

Si l'enfant qui persiste dans une escalade de comportements inadéquats ne se voit pas sanctionné, il s'installera vite dans l'impunité et donc l'omnipotence et la future tyrannie.

Attitudes	*Sanctions*
Mauvaise conduite pendant une activité de loisirs	Suppression de l'activité pour un moment
Mensonges répétés aux parents	Suppression d'une sortie en famille qu'il affectionne
Bagarres avec les petits voisins	Interdiction temporaire de sortir dans le quartier
Incidents perpétuels avec le petit frère	Confiscation de certains jouets

Rangement de chambre toujours pas fait	Doit s'occuper de son linge une semaine
Répétition de mots grossiers	10 centimes d'euros d'amende chaque fois
Attitude offensive à l'école	Pas de sortie « spéciale » avec la classe
Travail scolaire bâclé	À refaire pendant un temps de loisir

Sanctionner, ce n'est pas seulement une conséquence liée à la transgression ou à la désobéissance de l'enfant, c'est aussi une perte d'acquis (loisirs, libertés, etc.).

Quelques exemples de sanctions :
– Moins d'heures de télévision
– Pas de magazine pour jeunes pendant une semaine
– Pas de choix personnel pour le programme TV
– Interdiction d'écouter des CD pendant un jour
– Aller se coucher une heure plut tôt
– Pas de jeux à l'ordinateur pendant un jour
– Pas de visite chez les copains
– Annulation d'une séance de cinéma
– Pas de sortie à la pizzeria en famille
– Suppression du vélo pendant un week-end
– Diminution ou suppression de l'argent de poche
– Interdiction de gérer ses comptes tout seul.

POUR UNE SANCTION IMMÉDIATE

Peut-on appliquer certaines équations mathématiques en éducation ?

Savoir sanctionner, c'est souvent « – + – = + » : après un petit passage à l'acte de l'enfant (« – ») une réponse ferme immédiate (« – ») est souvent suivie d'une paix retrouvée (« + »).

A contrario, une réponse gratifiante (« + ») après un problème de désobéissance (« – ») stimule souvent de nouveaux conflits (« – ») => (« – + + = – »).

STOP ! ON ARRÊTE TOUT !

Souvenez-vous, comme pour le tout-petit, il est parfois nécessaire d'isoler votre enfant quand aucune remarque, aucun ton ferme n'obtient obéissance. Cela est particulièrement vrai pour des attitudes démesurées qui prennent l'allure de véritables passages à l'acte au regard d'un âge encore très jeune :

- bagarre avec la fratrie ou avec des copains
- moqueries, provocations lorsqu'il joue avec ses amis
- crachats sur d'autres enfants
- lancer de pierres ou d'autres objets
- maltraitance d'animaux

– grossièreté volontaire
– hurlements pour faire céder les parents
– faire du vélo dans la rue malgré l'interdit
– jeter de la nourriture à table
– donner des surnoms aux autres
– couper la parole aux adultes pendant des repas
– refuser d'obéir après de nombreuses injonctions.

Cet isolement forcé stoppe le comportement mais se doit d'être accompagné d'une conséquence pour éviter les récidives. C'est une façon de réagir à l'urgence mais, vous, parents, devrez vous questionner sur le pourquoi de cette escalade :

• N'avons-nous (père et mère) pas raté des étapes avant ?

• Sommes-nous bien cohérents dans nos attitudes ?

• Ces passages à l'acte sont-ils le signe d'un phénomène d'escalade que nous n'avons pas vu ?

• Avons-nous su exiger, frustrer au quotidien s'il se montre si vulnérable devant toute nouvelle réalité contraignante ou non ?

• Nous sommes-nous enfermés dans la chasse aux comportements négatifs sans jamais avoir renforcé positivement ce qui allait mieux, les moindres efforts ?

• Partageons-nous beaucoup d'activités avec notre enfant où il peut se montrer sous ses meilleurs aspects ?

• Faisons-nous réellement attention à nous montrer en « modèles » ?

LA FESSÉE EST-ELLE UNE SANCTION ?

Je reprends une fois de plus la formule de mon Félix de 10 ans, grand adepte de la provocation adulte, qui m'avait envoyé son « Beaucoup d'émotions, pas de punitions ! » quand je l'interrogeais sur les dernières réactions de ses parents à ses bêtises.

La réponse physique aux comportements négatifs de votre enfant n'est qu'une réaction émotionnelle – la colère – particulièrement inefficace. La fessée, ou autres violences (même s'il ne faut pas confondre avec la petite tape sur la main pour un enfant en bas âge qui, elle, peut signer l'interdit sans réelle violence), ne fait que renforcer l'enfant dans ses sentiments de vilain petit canard : c'est toute sa personnalité qui se sent rejetée et non ses comportements qui, eux, peuvent se modifier.

Banaliser la fessée, comme je l'entends parfois, traduit toujours cette impuissance qu'est la colère parentale. Cette colère est le plus souvent le fruit d'irrationalités comme : « Un enfant doit obéir ! » au lieu de : « Il n'obéit pas, que dois-je faire ? », « Il doit me respecter ! » au lieu de : « Comment lui apprendre le respect ? », « Il doit bien travailler à l'école ! » au lieu de : « Comment le motiver ? » Des exigences qui ressemblent beaucoup aux croyances parentales anciennes qui justifiaient ainsi les raclées ou autres violences domestiques.

Attention aux croyances !

« LES COMPORTEMENTS D'OPPOSITION SONT NORMAUX CHEZ L'ENFANT »

Vous l'avez souvent lu ou entendu et cela crée une certaine confusion. Vous avez compris qu'il vous faut regagner une certaine autorité, devenir plus exigeant, mais on vous conseille souvent de tolérer certains comportements d'opposition, symboles d'une personnalité en construction. Il faut bien différencier une crise d'opposition d'une opposition systématique ?

Crise d'opposition	*Omnipotence*
Elle est passagère	Elle s'inscrit dans la durée
Elle peut suivre un événement marquant	Elle ne traduit jamais un contexte spécifique sauf qu'il est frustrant !
Elle retombe vite	Elle s'amplifie avec le temps
Elle n'est pas disproportionnée	Elle est excessive
L'autorité parentale existe	Il n'y a plus d'autorité parentale
L'enfant n'a pas de comportements coercitifs	Les comportements sont coercitifs
Le manque de dialogue peut exister	Le dialogue existe avec l'adulte
Elle signe une carence, un manque, une souffrance	Elle n'a pas de signification particulière

D'après *De l'enfant roi à l'enfant tyran.*

« LES EXPÉRIENCES MALHEUREUSES DE LA PETITE ENFANCE SONT DÉTERMINANTES POUR LE FUTUR »

Au risque de se répéter, il vous faut absolument remettre cette affirmation en question et si vous êtes curieux, reprendre les ouvrages de Boris Cyrulnik ou de Jerome Kagan par exemple. Le déterminisme infantile appartient certes à la psychologie classique mais n'est pas validé scientifiquement : l'être humain nous prouve, *a contrario*, qu'il possède une force inouïe pour dépasser ses traumatismes. Ce qui ne doit en aucun cas ouvrir la porte à : « Je peux tout faire avec les enfants, ils sont résistants ! » Toujours ce fameux « curseur » qu'il faut placer au milieu : l'enfant n'est ni la fragile et constante victime du milieu adulte, ni un objet impavide et endurci.

« LES PARENTS SONT IMPUISSANTS DEVANT LA SOCIÉTÉ DE CONSOMMATION »

Certes, la lutte est souvent inégale avec les multinationales de la consommation. Vous ne décidez pas des sorties de films qui plaisent aux jeunes, ni des nouveaux produits mis en vente, ni des manipulations publicitaires. Mais nous nous devons, parents, de tenter d'atténuer l'impact de ce pouvoir en filtrant les informations, en contrôlant les consommations, en interdisant ce qui semble excessif, injustifié. Nous n'aimons guère ce rôle de censeur mais il est inévitable devant les stimulations mercantiles qui ont si finement ciblé nos enfants. Mon enfant a déjà du mal à se concentrer sur ses devoirs scolaires, je me dois de refuser le fameux portable (que certains petits copains possèdent dès la classe de sixième !) qui ne fera qu'ajouter à sa dispersion.

« C'EST AUX ENSEIGNANTS D'ÉDUQUER LES ENFANTS »

« Après tout, ils les ont plus que nous et c'est leur travail ! » Au départ non, l'enseignant a bien pour mission de transmettre un savoir et n'est pas formé pour rééduquer un enfant de parents permissifs. Et je l'ai déjà souligné dans mon guide *Peut mieux faire !* [3], les comportements d'indiscipline à l'école révèlent le plus souvent une grande permissivité parentale à la maison, puisque l'école devient vite le seul lieu de frustration. Et chacun de se renvoyer la balle, pardons le « référentiel bondissant ». L'éducation appartient prioritairement aux parents, j'en suis le premier convaincu, mais

3. Odile Jacob, 2001, 2003.

si ceux-ci ont purement et simplement démissionné, doit-on attendre la relève du juge ou des services spécialisés ? La tentation est grande pour les enseignants d'en référer à des professionnels de la santé quand tout semble plus complexe. Il n'en demeure pas moins que devant un enfant, *tous les interlocuteurs doivent parler le même langage quand il s'agit de discipline et donc du lien Soi-Autrui*.

« S'IL EST INSTABLE, C'EST QU'IL EST HYPERACTIF »

La psychanalyse a combattu le tout biologique d'il y a un siècle, je me range bien volontiers à ses côtés lorsqu'il s'agit d'éviter les raccourcis « physiologiques ». L'enfant a bien sûr un profil génétique, mais il se construit aussi et surtout avec son environnement familial et social. L'engouement actuel pour les traitements de l'hyperactivité infantile par la ritaline est inquiétant si l'on n'a pas testé l'hypothèse éducative avant. L'instabilité, même excessive, d'un enfant traduit très souvent une absence de structure familiale cohérente. Je regardais un reportage récent à la télévision, et j'entendais les témoignages de parents débordés... seule la médication faisait de l'effet, mais aucune question du type : « Combien d'heures passe-t-il avec sa console de jeux ? » (facteur d'excitation), « Renforcez vous ses attitudes en répondant trop favorablement à toutes ses demandes d'activités ? », « Se calme-t-il si vous prenez des sanctions devant certains comportements déviants ? », etc. Rien de tout cela mais des parents et professionnels rassurés d'avoir trouvé « la » solution. Si cette hypothèse n'est pas à exclure, il me paraît tout simplement souhaitable, comme toujours, de voir si l'origine n'est pas tout simplement une carence éducative.

« UN ENFANT TRISTE EST DÉPRESSIF »

Parfois, cela est juste, souvent cela est faux. « Vous devriez le voir à certains moments ! » me confie la maman de Paul, 7 ans...

« Il est triste, pleure pour un rien, s'ennuie très rapidement, ne sait pas s'occuper... »

LE THÉRAPEUTE : « Et quand il fait ses activités préférées, est-il toujours aussi triste ? »

LA MAMAN : « Quand il joue avec les cédéroms, là ça va bien ! Mais c'est plus tard, en fin de journée, comme si la tristesse l'envahissait... son père est un peu dépressif, vous savez. »

LE THÉRAPEUTE : « À quels moments est-il surtout triste ? »

LA MAMAN : « Le pire, c'est le dimanche soir, il fait vraiment une dépression... cela a toujours été pareil, la veille de la reprise à l'école, la fin des vacances, le départ de ses cousins avec qui il s'amuse bien... »

Dépression ou frustration liée à l'arrêt d'un principe de plaisir dominant ?

Soyez vigilants !

ATTENTION À LA FAUSSE AUTONOMIE

LE PÈRE : *Vous savez, Émilien est très autonome... À 9 ans, il est capable de s'organiser un dîner si nous ne sommes pas là. Je l'ai vu bien gérer un petit budget pour faire quelques achats...*

LE THÉRAPEUTE : *Quelques achats ?*

LE PÈRE : *Il sait économiser pour acheter son jeu vidéo favori !*

LE THÉRAPEUTE : *Vous parliez de repas ?*

LE PÈRE : *C'est le roi des pâtes, vous verriez comme il se débrouille pour faire ses petits plats favoris !*

LE THÉRAPEUTE : *D'autres fois où Émilien est très autonome ?*

LE PÈRE : *Tenez, l'autre fois, il a su convaincre sa Mamy au téléphone pour qu'elle vienne le chercher à la piscine, son petit copain et lui avaient raté le bus !*

Sans doute cette fameuse confiance en soi que développent les enfants de milieu permissif... Je ne vois qu'une autonomie *pour lui*, quand son principe de plaisir est en jeu. En revanche, ce genre d'enfants se révèle toujours extrêmement vulnérables quand ils doivent affronter des situations vraiment frustrantes : aborder seul un devoir scolaire, se préoccuper des vêtements pour le lendemain. L'autonomie signe, elle aussi, ce rapport entre « J'entreprends des choses seul pour mon bon plaisir et également quand je rencontre des contraintes. »

ATTENTION À LA FAUSSE MATURITÉ

Vous connaissez sans doute ces enfants nourris aux journaux télévisés, aux rencontres d'adultes, partageurs de discussions « des grands » qui vous surprennent par leurs connaissances, leurs questionnements « très murs pour leur âge ». Le plus souvent, c'est du « copié-collé », impressionnant en façade, mais désolant dès que l'on creuse un peu. Je me souviens des mots de J.-J. Rousseau « Un enfant docteur sera un docteur enfant... »

Il est bon d'intéresser l'enfant à nos conversations, nos questionnements, mais faisons en sorte qu'il ne participe pas à tout, qu'il lui reste encore des inconnues, des incertitudes sur le monde adulte. Tout aborder dès le plus jeune âge est dangereux (comment peut-il comprendre la sexualité des grands, les conflits, les guerres ?) et ne l'incitera guère à vouloir devenir lui-même adulte. Je me rappelle cette maman très angoissée par les dessins de nombreuses croix que faisait sa petite fille de 8 ans. La crainte était bien évidemment d'y voir un « sens ». La petite me raconta rapidement qu'elle regardait toujours les informations à la télévision avec ses parents et que « quelquefois elle avait peur des images... »

À force de vivre comme dans le monde adulte, nous voyons des enfants quitter précocement leur monde et cela ne semble pas forcément correspondre à une puberté avancée.

LE SYNDROME LOLITA

« Entre 4 et 6 ans, une petite fille mime la féminité. Même si on n'apprécie guère ses simagrées, il est important de la soutenir dans l'"allant-devenant" de son sexe, de valoriser la femme qu'elle sera, de lui laisser explorer les différentes facettes de *sa séduction, les robes, les bijoux*[4]. » Je préfère le bons sens de Marcel Rufo quand il s'insurge contre cette malheureuse précocité stimulée le plus souvent par les médias, mais aussi par les parents. Essayer de marcher dans les chaussures à hauts talons de maman, comme il le dit, est adapté,

4. Interview de Catherine Mathelin, *Psychologies*, hors-série, octobre 2003.

mais jouer les petites femmes avant l'heure ne protège pas l'enfant.

Est-ce vraiment réactionnaire de ne pas acheter certaines lingeries fines à une petite fille de 12 ans ? Est-ce vraiment castrateur de ne pas parler contraception avant la période d'adolescence ? Mais ils sont matures avant l'âge ! me rétorque-t-on. Est-ce le fait d'une réelle maturation ou de notre permissivité ? L'absence de règles de vie clairement signifiées est souvent à l'origine des demandes les plus étonnantes ; sans limites, l'enfant ne peut qu'exacerber ses exigences, mais il stimule en fait les interdits, une façon de se protéger. Vous ne pouvez pas tout prévoir, il vous faudra répondre aux débordements par un cadre de vie clairement défini avec ses droits, mais aussi ses obligations, ses contraintes et ses conséquences si l'enfant est « hors cadre ».

ATTENTION À LA SURVALORISATION

Il est recommandé de bien veiller à ne pas toujours critiquer un enfant. Le contexte obsessionnel et perfectionniste des anciennes époques a le plus souvent anéanti tout particularisme, toute singularité chez certains enfants. L'estime de soi se détruit facilement quand l'environnement familial ne renvoie que du négatif, l'enfant a trop tendance à faire l'amalgame entre les jugements négatifs qu'on porte sur lui et lui-même.

Mais n'assistons-nous pas à une volte-face parentale tout aussi absurde dans son excès : le petit a fait ceci ou cela et les qualificatifs sont superfétatoires : « Qu'il est formidable ! » Il joue deux notes de piano, on lui prête le talent d'un Mozart, il rattrape une balle de tennis avec un premier revers, le voilà future star du sport. Tout ce qu'il fait est « remarquable ». Oui, il faut valoriser son enfant, mais attention aux flatteries. Les enfants survalorisés, hypergratifiés manifestent très souvent des attitudes d'enfants rois. Encore une fois, prônons l'équilibre : savoir positiver, encourager tout en montrant ce qui est perfectible, ce qui n'est pas bien, ce qui est critiquable.

ATTENTION AUX FAUX ENFANTS PRÉCOCES

Cela va souvent de pair avec la survalorisation de l'enfant. À force de le voir mature, il n'y aura qu'un pas à le trouver « surdoué ». Et comme des « classiques » nous ont appris que lorsque l'enfant se démotivait à l'école, c'était le signe d'une précocité mentale, tout est dit.

Je vous renvoie de nouveau à la lecture de *Peut mieux faire !* [5] pour redécouvrir ce qu'est la vraie

5. *Op. cit.*

précocité : non pas un fort potentiel mental et des mauvais résultats scolaires mais de bons résultats scolaires, (qui se concluent par une ou plusieurs années d'avance à l'école), le tout avec une bonne socialisation (je respecte le lien Soi-Autrui) et, surtout, une grande intelligence émotionnelle.

ATTENTION À NOS ÉMOTIONS !

Pour être bien certains de ne pas mélanger la situation que nous vivons avec notre enfant et nos propres schémas infantiles – ce que peut nous rappeler un quelconque événement –, je vous ai déjà conseillé de bien faire attention à nos « pensées automatiques ».

Voici une anecdote que j'ai récemment vécue.

Je promets à ma fille d'aller à la piscine. Le « contrat » : je fais des longueurs pour maintenir une forme physique, tu m'attends en jouant et nous passerons ensuite un bon moment ensemble. J'effectue mes longueurs, j'entame la dernière traversée et j'entends que la piscine doit fermer. Pas prévu, je n'ai plus le temps de jouer avec ma fille ! Elle me dit que ce n'est pas grave... mais, dès la sortie, je l'emmène pour un goûter royal dans une pâtisserie...

Pourquoi ? J'ai sans doute des pensées sous-jacentes qui stimulent ma culpabilité : ma fille n'a rien partagé avec moi => elle s'est sentie seule, délaissée, « abandonnée » dans mon scénario « infantile » => je me dois de réparer la frustration qu'elle a subie !

Dans le cas ci-dessus, le goûter royal ne fait que renforcer l'enfant dans sa croyance : un père ne doit pas être faillible, il doit constamment procurer de la satisfaction à son enfant. La piscine « seule » n'est pas une distraction suffisante, il m'en faut plus !

La réalité n'est plus évaluée... J'associe ce qui vient de se passer avec des sentiments de solitude que j'ai sans doute vécus. Ma « loi » actuelle, mon absolu de pensée : je me dois de tout faire pour épargner la moindre frustration aux plus faibles. C'est donc une souffrance inouïe pour un enfant de ne rien faire à la piscine avec son père. *Vrai* si c'est chaque fois le cas et que l'enfant a l'impression d'être mis à l'eau comme un ballon, de n'être qu'un objet dont on dispose. *Faux* si je suis conscient de la nécessité d'un partage quand j'organise ce genre de loisirs et que c'est généralement mon habitude. Mais je me garde de mélanger mes affects avec la réalité, ce qui n'est pas toujours facile.

Si j'ai remis en cause mes propres croyances, je ressens moins ce « spleen venu d'ailleurs » et suis simplement navré d'avoir manqué un bon moment avec ma fille. Et de lui expliquer simplement l'erreur d'horaires, cela arrive... Tu t'es amusée quand même sans moi ! Retournons à la maison pour goûter. (Je ne participe pas à la dramatisation de l'événement : piscine sans père = insupportable => toute frustration se doit d'être compensée...)

ATTENTION AUX « MANŒUVRES » !

Nos enfants sont de grands séducteurs, surtout lorsqu'ils veulent obtenir quelque chose. J'ai un enfant quelque peu intolérant aux frustrations et il se montre très volontaire et entreprenant pour une tâche qu'il évite régulièrement. La question que je dois malheureusement me poser aussitôt est : Cherche-t-il à éviter une plus grande contrainte ? (J'aide papa au jardin pour éviter de ranger ma chambre !) Me met-il en porte à faux avec sa mère ? (Mon enfant tient à me seconder dans une course en ville alors que sa maman lui a demandé de terminer une leçon d'histoire !) Ou tout simplement n'accepte t-il de se frustrer que pour n'obtenir que des bénéfices secondaires ?

Je rappelle cet exemple où une mère témoignait de la bonne volonté de son fils Louis... « Tenez, l'autre dimanche matin il nous a préparé un "brunch" avant de rejoindre ses copains, il sait se montrer généreux ! » Et j'apprenais, après investigation, que ce brunch avait été gratifié de quelques euros et surtout d'une permission de quitter rapidement la maison pour éviter les occupations familiales du dimanche !

Devenez un parent « exigeant » : une réponse rapide et juste

Votre enfant transgresse	*Vous êtes un parent permissif*	*Vous êtes un parent répressif*	*Soyez un parent exigeant*
Votre enfant passe outre un interdit, une exigence éducative.	Constat ou non de la transgression, pas de conséquences.	Constat de la transgression, réponse émotionnelle, conséquence absente ou disproportionnée.	Constat de la transgression, la réponse n'est pas émotionnelle, la conséquence est immédiate et adéquate.
Exemples : Il rentre très en retard de sa sortie avec les copains, la nuit est déjà tombée.	*Exemples :* Je lui fais simplement la remarque qu'il est tard et que la nuit peut être dangereuse.	*Exemples :* Je suis en colère, le menace de supprimer toutes les prochaines sorties et lui reproche son égoïsme devant mon inquiétude.	*Exemples :* Je lui signale le retard, lui fais part de mon tracas avec la nuit et décide de supprimer la sortie prévue le jour suivant avec les copains.
Il ne met le couvert pour le dîner qu'après de nombreuses demandes.	Je lui rappelle que je ne devrais pas avoir à répéter mais je commence à apporter les couverts.	Je le qualifie de flemmard, lui rappelle tout ce que je fais pour son bien-être, je montre sa sœur en exemple, je le renvoie dans sa chambre.	Je lui fais part de mon agacement, je décide qu'il s'occupe du lave-vaisselle dès ce soir.
Il mange ses céréales favorites du petit déjeuner entre les heures des repas.	Il a faim, la cantine n'a sans doute pas été bonne.	Je le laisse manger les céréales mais décide de supprimer la télévision pour le soir. Je le traite d'enfant gâté au passage.	Je lui reprends son bol de céréales. Je décide qu'il mangera autre chose pour le petit déjeuner, pour l'instant. Les céréales sont supprimées.

Il bâcle ses devoirs scolaires.	Je ne vérifie pas son travail, il m'a dit qu'il n'avait rien à faire, c'est pas très sérieux l'école de maintenant !	Je le soupçonne de mentir et lui rappelle qu'il va redoubler, que c'est pour son avenir !	Je vérifie devoirs et leçons et lui demande de retourner travailler au lieu d'aller regarder une émission TV.
Chez vous :	*Chez vous :*	*Chez vous :*	*Chez vous :*

S'obliger, penser à l'autre n'est pas forcément suivi d'une récompense. Se frustrer, c'est avant tout accepter les contraintes de la réalité, mais c'est aussi tout simplement faire plaisir aux autres, sans demande de réciprocité.

N'OUBLIEZ PAS DE RENFORCER LE POSITIF !

Être un parent exigeant ne doit pas traduire une volonté de casser l'enfant – nous avions justement reproché cette omnipotence adulte aux générations précédentes. Je l'ai souligné dès le début de ce manuel, il ne peut y avoir d'autorité à la maison sans amour. Et si notre petit sollicite des exigences pas toujours faciles à prendre, provoque des conflits parfois difficiles à punir, il est indispensable de remarquer et d'encourager le moindre comportement positif. Le petit homme, s'il est stoppé dans ses débordements, n'acceptera d'évoluer, de changer des attitudes que parce qu'il se sent aidé, accompagné, encouragé à chaque effort fourni. Il ne prendra la longue route de la maturation que s'il se sent protégé et sécurisé par les interdits et leurs conséquences et parce qu'il se sent aimé.

Comment concrètement, pouvons-nous encourager ses comportements positifs ?

• Lui donner des défis réalisables à court terme pour qu'il remporte ses premiers succès.

• Le féliciter dès que vous êtes témoin d'un réel effort de sa part, trouver des « renforcements » ou activités qu'il apprécie et qu'il pourra entreprendre si le travail est correctement fait (une balade avec des copains, une activité sportive, une sortie au cinéma, etc.).

• Renforcer le moindre progrès dans une zone d'échec, ne pas attendre le « miracle », que tout soit impeccablement fait, éviter de fixer des objectifs à trop long terme.

• Bien lui signifier les équations « Plus tu acceptes les contraintes, plus tu grandis », et « Plus tu partages les tâches quotidiennes avec nous, plus nous sommes satisfaits ».

• Utiliser des schémas, des graphiques ou diagrammes pour l'aider à visualiser les efforts accomplis.

La cohérence ou les pièges de la garde alternée

Je ne reprendrai pas tout ce qui a pu être dit sur l'incontournable règle de cohérence parentale pour éduquer un enfant au chapitre précédent. Cependant, il me paraît important de m'arrêter quelques minutes sur un sujet d'actualité, comme l'on dit : pour ou contre la garde alternée ?

Sylvain, 6 ans : « Maintenant papa et maman ils s'aiment mieux, ils vont se marier encore ! » Si les approches de médiation familiale masquent à l'enfant la réalité du désamour des deux parents, le petit va bien vite revoir la réalité à sa façon : je m'étais trompé, finalement mes parents s'entendent, donc ils s'aiment, donc ils peuvent revivre ensemble. Si le désamour qui a suscité la rupture n'est pas oublié, la médiation est utile pour l'éducatif, pour inciter les parents à une grande cohérence entre leurs façons de faire avec l'enfant.

Cependant, je vois quelquefois un détournement de cette médiation pour appuyer une décision de garde alternée : les ex-époux doivent absolument s'entendre et communiquer harmonieusement. Est-ce bien raisonnable ? Comment des parents qui ne s'aiment plus, qui n'ont jamais trouvé de terrain d'entente, comment vont-ils trouver l'intelligence qu'ils n'ont pas eue avant ? Par la médiation justement me direz-vous ! Mais n'est-ce pas un pari formidable que de croire que l'enfant va pouvoir s'y retrouver quand dès la fin de la semaine il lui faut non seulement appréhender un nouveau lieu de vie mais surtout de nouvelles règles éducatives ? Si je caricature, le conjoint farfelu, qui n'assumait que peu l'éducation de son enfant le week-end ou à certaines vacances, sera-t-il plus éducateur parce qu'il a son enfant dix fois plus à domicile ? Réinclure une autorité parentale, certes mais compliquer ce qui l'est déjà... Je préfère, quant à moi, que l'enfant se sépare un peu plus d'un des deux parents pour justement éviter les incohérences source de déstructuration de la personnalité.

Cette cohérence est la pierre angulaire de l'autorité parentale, elle vous prépare à d'autres assauts au moment de l'adolescence. Le « Diviser pour mieux régner » deviendra, si vous ne changez pas vos attitudes, une redoutable arme machiavélique. Mais attention, cessons de confondre l'adolescence avec une « Crise ». Cette fameuse crise d'adolescence peut se réduire à une simple affirmation de soi, parfois turbulente mais sûrement pas disproportionnée si vous poursuivez votre entreprise éducative : accompagner, aimer, protéger mais aussi exiger, frustrer, interdire et même sanctionner. Mais avec l'ado, il vous faut utiliser d'autres moyens, nous les évoquons dans le dernier chapitre.

CHAPITRE 4

« C'est trop tard ? »
De 13 ans à...

Pour en finir avec le « complexe du homard »

Lorsque Françoise Dolto invente cette image, elle veut symboliser la crise d'adolescence. L'adolescent doit faire sauter la carapace éducative pour mieux se transformer en futur adulte. Les parents doivent comprendre les explosions de cette époque comme autant de tentatives pour se libérer d'un joug et pouvoir exister enfin. Ceux qui persistent dans une volonté éducative sont taxés de rigides et dans ce cas précis : « L'ado restera prisonnier de sa carapace et il sera désarmé face à la dépression[1]. » Traduction : accepter la crise de l'ado dans ses excès, c'est bon pour lui, juguler la crise en poursuivant l'entreprise éducative, c'est anéantir une personnalité.

La culture « psy » classique a dit beaucoup de

1. *Votre ado*, Marcel Rufo, Christine Schilte, Hachette, Paris, 2003.

choses sur la petite enfance, autre étape essentielle du développement humain, rien sur la période dite de latence, et encore beaucoup sur l'adolescence et sa « crise ». Ce stade est donc celui de toutes les fragilités et qu'avons-nous comme conseils, nous les parents, pour nous armer devant cette métamorphose aux allures d'explosions et de conflits ? Une seule affirmation : faites-vous le plus petit possible, distanciez-vous, observez, écoutez, acceptez, négociez mais surtout n'entrez pas en conflit ! Bref, une volonté de voir les parents moins parents. Nous entendons toujours ce leitmotiv : « Aimez-les et Ne les frustrez pas ! » En résumé, si ma définition de l'éducation inclut constamment amour et frustration, donc exigences et conflits, ne les éduquez plus !

Pour moi, il n'est pas question d'arrêter d'éduquer à un moment où l'adolescent va justement réclamer plus de cohérence de notre part et, surtout, nous demander de le protéger au maximum. Il sait bien, l'ado, que la réalité du futur monde adulte lui est plus perceptible, plus prégnante, plus déstabilisante, souvent plus douloureuse. Et il faudrait le laisser affronter seul sa mue ?

L'adolescent n'est pas un crustacé, il se développe humainement : avec amour et protection. Et cette protection parentale attendue n'est surtout pas la mise au rancart des exigences familiales quotidiennes mais, au contraire, le renforcement de la présence adulte dans les zones de danger. Oui, l'ado a besoin de nous pour être confronté à d'autres modes de pensée que ceux que lui impose sa culture. Oui, il quête des avis fermes quand il est tenté par toutes sortes d'expériences (look provocateur, abandon des études, cannabis, annulation du principe de réalité) qui peuvent susciter des pathologies plus lourdes : école buissonnière, anorexie, délinquance, addictions de tout poil, tentatives de suicide.

Il n'est pas « trop tard » parce qu'il n'existe aucun déterminisme qui ferait que les turbulences de l'adolescence apportent inexorablement perdition et détresse. S'il y a une « crise », elle couvait depuis longtemps. J'ai tenté de vous convaincre de cet aspect développemental dans les chapitres précédents : il existe le plus souvent un effet « boule de neige ». L'adolescence n'explose pas sans avoir engrangé les munitions nécessaires auparavant. Pour moi, la carence éducative tout au long du développement de l'enfant est la grande pourvoyeuse d'armes pour cette fameuse crise d'adolescence.

Les croyances des parents face aux ados

La psychologie classique abonde en certitudes. S'il n'y avait que le « complexe du homard » ! Pas question de contester tout ce qui a été écrit sur l'adolescence en général, mais de soumettre à la question un grand nombre d'affirmations qui, selon moi, ne peuvent que nous freiner dans notre volonté éducative. Se mettre en dissonance cognitive, pour employer les grands mots, n'est-ce pas la démarche scientifique ? Pourquoi nos sciences humaines, dites « molles », seraient-elles plus figées que les sciences exactes ? Ces dernières n'évoluent que par la remise en cause d'affirmations pour mieux appréhender de nouvelles hypothèses et ainsi de suite. Devenez donc cognitivistes, contestez certaines croyances ! J'en ai réuni quelques-unes concernant l'adolescence, la liste n'est malheureusement pas exhaustive.

« SOYEZ MOINS PARENTS ! »

Je l'ai déjà évoqué, beaucoup de professionnels de l'adolescence vous conseillent de devenir beaucoup moins *acteurs* et beaucoup plus *observateurs* dans l'éducation de l'enfant devenu adolescent. Bref, d'être moins parents.

C'est tout le contraire si vous avez raté quelques attitudes éducatives aux étapes précédentes. Et même si vous avez fait ce qu'il fallait, ce n'est surtout pas le moment de vous retirer sur la pointe des pieds. Il faut être là et bien là :

LUC : *Je méprise mes parents...*

LE THÉRAPEUTE : *Qu'ont-ils fait pour mériter ce mépris ?*

LUC : *Trop cool, ils ne faisaient rien justement... ma plante de cannabis dans la chambre, ils ne la voyaient pas, mes notes catastrophiques ils n'en parlaient plus... ma tenue cool jamais une remarque... mes sorties, pas de demandes... je faisais tout ce que je voulais... je suis chez vous, le psy... je suis tombé... je ne peux pas les aimer tout de même !*

LE THÉRAPEUTE : *Ne pas les aimer en ce moment, peut-être, mais le mépris, c'est un peu fort, non ?*

LUC : *Pas d'autre mot, c'est le mépris que je ressens le plus...*

Si Luc était le seul ! Combien de fois mes ados difficiles m'ont répété ce même mot pour qualifier leur ressenti : le mépris. Et je repense au roman de Moravia [2], à cette jolie épouse qui méprise son mari pour ne l'avoir pas protégée de sa propre séduction auprès d'un autre homme. Le mépris serait donc ce que l'on ressent quand on ne peut plus se protéger seul ? Quand on attend encore un secours, une sorte de tuteur alors que les failles se font jour ? Le mépris des parents serait-il le pendant de leur carence éducative ? Quelle conclusion quand j'entends tous ces parents qui ont toujours agi pour le mieux et qui croyaient bien faire ! Quelle rage quand j'entends ces mêmes parents me conter toutes leurs certitudes « psy » apprises au fil des ans, des

2. *Le Mépris*, Flammarion.

lectures et des émissions de télévision ! Raison de plus pour que nous essayions de démystifier d'autres croyances.

« VIVRE AVEC UN ADOLESCENT, C'EST UN PEU COMME UNE DÉMOCRATIE FAMILIALE »

Il faut donc être l'égal de l'adolescent pour qu'il vive un climat hautement démocratique. Non, vous vous devez, vous parents, de garder votre autorité, même si elle est contestée. N'ayez pas peur d'imposer des contrats de vie, des règles de famille que l'enfant devra respecter. Certes, il vous faudra expliquer, mais rien de scandaleux à se situer en autorité. Surtout que notre enfant adolescent traverse une étape de sa vie où il ne se révèle pas forcément des plus démocrates dans ses exigences et ses affirmations.

Je préfère donc donner la parole à Alexis de Tocqueville pour redéfinir l'autorité dans la démocratie : « Ce n'est point l'usage du pouvoir ou l'habitude de l'obéissance qui déprave les hommes, c'est l'usage d'une puissance qu'ils considèrent comme illégitime, et l'obéissance à un pouvoir qu'ils regardent comme usurpé et comme oppresseur. »

« IL FAUT PARLER, VERBALISER »

LE PÈRE DE PIERRE : *Ce n'est pas le manque de dialogue à la maison qui a provoqué tout ça ! (Pierre ne cesse de se rebeller à la maison, les conflits sont quotidiens, les parents n'en peuvent plus, ils consultent...)*

PIERRE : *Si c'est ce que vous appelez parler, vous voulez toujours avoir raison... Comme pour aujourd'hui, aller voir un psy parce que je suis un ado comme tout le monde...*

LE PÈRE : *Nous l'avons souvent évoqué ensemble, ton adolescence est rebelle et ne correspond à aucune justification... Admets que, l'autre soir, il n'y avait aucune raison de te laisser traîner chez ton ami tard parce que tu voulais enregistrer des CD sur son ADSL...*

PIERRE : *Toujours vos craintes de me voir mal tourner, je ne fréquente pas n'importe qui, vous le savez bien...*

LE PÈRE : *Ce n'est pas une question d'amis, c'est une question que tu transgresses sans arrêt tous nos interdits.*

PIERRE : *C'est justement parce que je suis un adolescent !*

LE PÈRE : *Oui, mais l'adolescence ne peut se résumer à...*

LE THÉRAPEUTE, perdu dans cette joute verbale qui semblait bien coutumière : *Vous parlez trop !*

Et de faire taire tout ce monde qui se perd dans des palabres à n'en plus finir. Que de fois ai-je constaté ces excès de verbe : on cause, on cause, on refait le monde avec l'adolescent. Mais jamais de décision prise, de contrats d'éducation précis, d'exigences, de conséquences. Des mots, des mots, jusqu'aux émotions les plus folles.

Contrairement au mythe, la parole ne libère pas toujours de l'agressivité, mais tend souvent à l'exacerber quand l'action est dérisoire. Et pour l'adolescent les mots des parents sans le « faire », c'est une panacée. Parlez, parlez, mais ne faites rien qui me frustre !

Mon conseil : parlez moins et agissez, vous n'avez pas besoin de tout justifier, de tout expliquer, d'argumenter et de contre-argumenter, vous avez le droit de dire : je t'ai expliqué la règle, tu la refuses, voilà les conséquences, on t'avait prévenu, « point barre ! » (comme disent les ados). Rompre la communication avec son enfant n'est non seulement pas un interdit mais se révèle souvent salutaire dans un contexte où tout est toujours décortiqué et surtout verbalisé. Je reviendrai sur le rôle de modèle des parents qui, par leurs attitudes, pèsent beaucoup plus que par leurs mots.

« C'EST AU PÈRE D'AFFIRMER LES INTERDITS »

Les deux parents sont porteurs de la loi. L'adolescent sait jouer sur les personnes et se lie très vite avec le parent « collaborateur ». La qualification est dure, il s'agit bien sûr, d'une collaboration non voulue, mais elle résume bien la victoire de l'ado difficile : bien signifier que le parent qui interdit, demande, exige ou sanctionne est le méchant. L'autre est le bon, celui qui comprend les jeunes. Quand les parents ont décidé d'être plus fermes avec un ado et que les conséquences ou sanctions ne donnent rien, cela est la plupart du temps le signe qu'un membre de la famille collabore : il rappelle l'interdit mais évite le conflit, quand ce n'est pas tout simplement une attitude contradictoire avec la règle émise.

Tout adulte doit être cohérent et cela est valable pour la vie familiale et extrafamiliale. Mais affirmer ensemble des interdits, c'est aussi se mettre d'accord sur les contraintes et les demandes. Mieux valent cinq règles de vie clairement définies, acceptées par les deux parents, et sanctionnées de façon cohérente lorsqu'il y a transgression, que dix règles avec des conséquences chaotiques parce que issues de désaccords parentaux. Mais d'autres ne cessent d'affirmer que l'incohérence parentale est normale puisqu'elle serait suscitée par une étape inconsciente du développement psychique de l'adolescent : ce serait un retour de phase œdipienne. À chacun sa foi !

« IL FAUT TUER LE PÈRE ! »

« Il m'a traité de tous les noms ! Mais c'est normal de tuer le père à cet âge ! » Cette affirmation est devenue des plus usuelles dans notre culture. Le meurtre symbolique des parents, ce fameux « meurtre parental » que décrit le pédopsychiatre anglais Winnicott, consiste à faire disparaître ses parents pour prendre leur place. C'est donc nécessaire ?

Un conseil : tuer le père est peut-être excellent, selon certaines chapelles, pour la construction psychique de l'adolescent, mais, dans ma réalité très basique, je vous demande de réagir fermement contre ces tentatives d'assassinat que sont les insultes, les conflits verbaux violents en général. Sans retomber dans le « Tu aimeras ton père comme... », remettez une fois de plus le curseur au milieu : « Tu as le droit de contester mais si tu injuries ou passes à l'acte, voilà quelles seront les conséquences ! » Bref, on ne *tue* pas le père, un meurtre fait toujours une victime : on existe, mais en acceptant l'existence de l'autre, tout simplement.

« L'ADO DOIT AVOIR DES IMAGES D'IDENTIFICATION EN DEHORS DE LA FAMILLE »

Évitons de faire l'amalgame avec notre propre histoire : les modèles parentaux et adultes en général, pour beaucoup d'entre nous, étaient réfutés parce que inconsistants ou contestables. Il fallait combler un vide. Si nous cherchions parmi nos pairs, si nous adulions certaines figures politiques ou historiques, c'était bien pour trouver un sens en dehors du milieu familial qui ne nous éblouissait guère : cette famille qui ne nous apportait, généralement, qu'un conformisme dépassé et répondait à cet incontournable « travail, famille, patrie ».

Mais est-ce le cas aujourd'hui ? Ne peut-on pas trouver en famille des modèles qui ne sont pas forcément à rejeter ? N'ayez pas honte d'être un modèle pour vos adolescents, ils attendent tous un « adulte significatif privilégié ». Alors, laissons de côté les tentations de copinage, d'horizontalité et d'égalité à tout prix. Ado, tu n'es pas mon égal, je ne ferai rien pour te dévaloriser ou t'annuler dans ta spécificité, mais je n'abandonnerai pas pour autant ma personnalité, mes propres valeurs.

Mais attention ! il est nécessaire « d'habiter sa parole », comme le disait de son vivant Louis Casali. Ce directeur d'un centre pour adolescents en difficultés avait toujours défendu l'éducation dans ce qu'elle a de plus noble, l'authenticité : savoir se poser en « modèle » exige beaucoup de soi. Sans tomber dans l'absurdité d'une personnalité infaillible, et donc inaccessible et incontestable, il est recommandé de ne pas céder au facile : « Fais ce que je te dis et pas ce que je fais ! » Les ados qui ne quêtent des relations privilégiées qu'à l'extérieur de leur famille signent un véritable désert d'images adultes significatives chez eux. *A contrario*, l'enfermement dans la famille peut traduire une impossible identification à des images externes, mais de là à nier les modèles parentaux pour exister, nous nous devons, une fois de plus, de mettre le curseur au milieu.

« LES ENFANTS SONT VICTIMES DES ABSENCES PARENTALES »

Que les raisons soient professionnelles ou la conséquence d'un divorce ou d'une séparation, cela rejoint cette autre croyance : un enfant ne peut s'épanouir sans la présence des deux parents. Là encore, il faudrait nous prouver que la présence quantitative des deux parents entraîne à coup sûr l'épanouissement de l'enfant. La réalité est tout autre : ce n'est pas la *présence* qui est déterminante au moment de l'adolescence, nous ne sommes plus dans les demandes des étapes de développement précédentes. Ce que veut l'ado, c'est une *cohérence* parentale : peu importe que ce soit le père, le substitut du père, le grand-père ou le grand frère, l'enseignant, l'éducateur sportif, l'animateur de loisir, votre loi est-elle cohérente ? Parlez-vous le même langage quand il s'agit de l'éduquer encore et donc de le protéger ?

Les familles reconstituées, nous dit-on, déstructureraient l'enfant quand il apparaît que c'est l'incohérence éducative entre les adultes qui est en cause. Peu importe qui intervient s'il le fait en cohérence avec les autres intervenants. *A contrario*, l'ado repérera les failles et séduira bien vite les « gentils » pour mieux annuler les « méchants », les pères ou mères fouettards, ceux qui tentent de maintenir des règles « rigides ».

« LORSQUE L'ADO POSE PROBLÈME, AUX ADULTES DE SE REMETTRE EN CAUSE »

Nous avons une autre variante : quand les problèmes s'exacerbent, il y a un problème père-fils, mère-fille. Donc, faites vous soigner, et de préférence avec des soignants qui soignent ce genre d'hypothèses tautologiques. Ce n'est jamais l'adolescent qui est en cause, toujours cette fameuse victimisation de l'enfant au regard du monde adulte. Nous l'avons lu si souvent que nous adhérons facilement à ces irrationalités du type : « On rejoue sa propre problématique adulte dans la crise de nos ados. » En résumé, si mon ado pose des problèmes, c'est que j'ai des problèmes comme adulte. J'ai du mal à vieillir, je dois forcément lui renvoyer un quelconque fluide inconscient qui ne fait qu'exacerber ses provocations. Je m'acharne sur ses sorties, tente de freiner certaines fréquentations, je ne fais que projeter ma misère sexuelle, etc. En fait, si notre relation est conflictuelle, c'est parce que nous, parents, n'allons pas bien.

Il y a peut-être parfois du vrai dans ces affirmations quand les problèmes de vieillissement ou de couple génèrent des attitudes parentales extrêmes, mais la plupart du temps, nos propres difficultés ne sont tout de même pas à l'origine de tous les maux de l'adolescent. Et, surtout, nos propres difficultés ne nous interdisent pas d'éduquer.

« L'ADOLESCENCE EST SOUFFRANCE, C'EST UNE ÉTAPE DÉPRESSIVE »

C'est une étape bien difficile, je ne reviendrai pas sur les transformations corporelles qui inquiètent, ni sur cette nouvelle pensée abstraite, dite formelle, qui renvoie parfois l'adolescent au néant et à l'angoisse. Mais de là à généraliser cette profonde dépression existentielle ! Non, tous les adolescents ne sont pas des dépressifs latents, même quand les comportements « manifestes » signent la quête du principe de plaisir immédiat. C'est toujours cette logique : la gaieté apparente révèle la tristesse sous-jacente et vice versa.

Arrêtons les fantasmes : l'adolescence est aussi un moment de rencontres et de découvertes positives. C'est parfois du bonheur, et cette période est plus solide que l'on ne croit ! Je me souviens de cette maman qui venait de lire *La Cause des adolescents* de Françoise Dolto et qui n'osait plus rien demander à sa fille de 16 ans de peur qu'« elle n'abandonne sa scolarité... [qu'] elle ne commette des délits... [que] la drogue ne l'attire... [qu'] elle ne développe une anorexie... [voire qu'] elle ne tente de se suicider ». Après vérification, j'ai noté le bien-fondé de ses craintes : ce livre participant grandement à la fragilisation de l'adolescence, est-ce vraiment défendre sa cause ?

« L'ADOLESCENCE EST DÉTERMINANTE POUR L'AVENIR »

Nous retrouvons le déterminisme de la psychologie classique tout empreinte de morale freudo-chrétienne. S'il est vrai que bon nombre d'adolescents vont demeurer immatures tout au long de leur vie, il est vrai aussi que beaucoup vont trouver leurs marques, vivre de nouvelles expériences, faire de nouvelles rencontres et ce sont ces accommodations à la réalité qui vont les construire. « Rater » l'adolescence de son enfant n'est pas rédhibitoire, la réalité se charge toujours de construire, c'est le propre de la dimension humaine !

« ELLE SE PASSERA TOUTE SEULE »

Il est tout aussi absurde de croire que la crise d'adolescence déterminera l'avenir que d'affirmer que cette période inéluctable s'évanouira d'elle-même, que ce n'est qu'un passage et que tout rentrera dans l'ordre puisque la vie est bien faite. Tout se passe ainsi si votre adolescent ne présente pas de signes d'immaturité tels que je les ai précédemment décrits. Si, en revanche, il montre qu'il est un adolescent roi, il va vous falloir batailler et ne pas attendre que tout s'arrange avec le temps. J'entends ce « Ça lui passera » chez les parents qui veulent éviter tout conflit, prisonniers eux-mêmes de leur propre intolérance aux frustrations. Non, un être humain qui n'a pas été confronté à la frustration, aux interdits ne va pas découvrir tout à coup le principe de réalité. Ou il lui faudra rencontrer un véritable tuteur. Ou encore sa maturation prendra beaucoup de temps. Dans le meilleur des cas, pensez au syndrome Tanguy[3] et à cette volonté de ne jamais devenir adulte.

---

3. *Cf. Tanguy* d'Étienne Chatilliez, 2002.

Éloge de la prévention

Mon souci est, une fois de plus, de vous préserver d'entrer dans une phase particulièrement difficile, d'éviter de stimuler ce que j'ai appelé le troisième stade de l'omnipotence infantile ou l'étape de « L'adolescent en crise » : je refuse toute nouvelle contrainte, annule les adultes, les autres en général, je peux les faire souffrir. Il est donc souhaitable d'allier compréhension, acceptation avec exigences et fermeté. Mais tout d'abord, une première remise en cause est nécessaire : le monde adolescent nous échappe souvent, faisons un petit effort !

ACCEPTONS SON UNIVERS

JULIEN (étonné) : *Vous connaissez Eminem ?*

LE THÉRAPEUTE : *Il m'arrive de regarder MCM ou MTV !*

JULIEN : *C'est pas mon père qui ferait ça... à part sa radio Nostalgie... Tout ce que j'aime, il n'aime pas ! Tenez, Je vais voir* Matrix, *je suis nul... je lis Tolkien, c'est nul... je fais du net, ça sert à rien... les jeux vidéo, nuls... faire du skate, nul... mes fringues... nulles...*

LE THÉRAPEUTE : *Là il n'a pas tort !* (Et devant le regard glacé de Julien, j'ajoute :) « *Sur tes vêtements, il n'a pas tort !* (Julien arbore un de ces pantalons sacs avec lesquels j'ai un peu de mal...)

Pas question d'être démagogiques et d'encenser toute leur culture ado, qu'elle soit musicale, cinématographique, littéraire ou tout simplement de loisirs. Mais se tenir au courant, faire le petit effort d'écouter, de regarder, de s'instruire avant de réfuter, comme disait Rousseau. Si l'on veut éduquer et parfois devenir conflictuels en confrontant nos valeurs à celles de l'adolescent, il faut faire ce petit parcours initiatique pour saisir leurs goûts et leurs choix. Je n'ai pas dit adhérer. De toute façon, les parents copains qui en font de trop dans l'acceptation sont vite jugés inauthentiques et vite rejetés.

PARTAGEONS DES MOMENTS AVEC LUI

C'est l'époque des copains, ce n'est pas une raison pour abandonner toute activité avec vous. Tout est toujours affaire de nuances : imposer constamment la promenade en famille au bord de mer peut paraître inadapté pour un adolescent, mais ne plus rien partager en terme de loisirs ou simplement de « faire » est tout aussi dangereux.

Alors, sachez partager son temps entre ses nouvelles relations et vous : vous pouvez poursuivre certaines activités sportives ou culturelles, en initier de nouvelles selon vos goûts. L'isoler complètement revient à ne plus s'inscrire en parent mais en gêneur. C'est en partageant que vous aurez l'occasion d'échanger, de négocier et pourquoi pas de réajuster, ce n'est pas en devenant un parent fantôme.

LUI PARLER !

Le connaître, l'accepter, communiquer, partager avec lui sont de bons conseils. Ce n'est malheureusement pas là que nous avons nos faiblesses, nous les parents. Très sollicités par certains adolescents, nous risquons fort de refaire le monde en nous laissant manœuvrer dans des échanges sans fin. Mais ils ont besoin de mieux nous connaître, de nous entendre prendre position sur des milliers de thèmes de vie. Attention à la mise à nue, certains ados adorent déstabiliser les parents. S'il y a dialogue, s'il y a nécessaire remise en cause de nos options, de certaines de nos valeurs avec notre enfant, nous pouvons tout aussi bien en profiter. S'il manifeste une franche intolérance aux frustrations, nous pouvons l'affronter sur son terrain de prédilection, le verbe. La parole peut être l'occasion de témoigner de la réalité avec notre adolescent qui ne rêve que d'un principe de plaisir immédiat. Une façon comme une autre, même s'il s'agit, je le concède, d'une philosophie à quatre sous, de lui montrer combien son pari de plaisir immédiat va à l'encontre de l'hédonisme à moyen et à long terme, à l'encontre de son bonheur tout court.

Parlez-lui de Thétis pas d'Œdipe !

Rousseau évoquait ce mythe : « Thétis, pour rendre son fils invulnérable, le plongea, dit la fable, dans l'eau du Styx. Cette allégorie est belle et claire. Les mères cruelles dont je parle font autrement ; à force de plonger leurs enfants dans la mollesse, elles les préparent à la souffrance ; elles ouvrent leurs pores aux maux de toute espèce, dont ils ne manqueront pas d'être la proie étant grands. »

Le fils de la déesse Thétis était Achille. Souvenons-nous de ce talon qui le rendit vulnérable ! Lorsque Rousseau parle de ce mythe, il traduit avec habileté cette incontournable « loi de la frustration » dans toute approche éducative. Sans imiter Thétis qui n'y allait pas par quatre chemins et qui serait justement poursuivie pour sévices à enfant, n'y a-t-il pas là matière à réflexion ? Rendre plus fort un enfant en ne lui évitant pas les frustrations quotidiennes participerait à sa construction : l'acceptation des contraintes rendrait l'enfant moins vulnérable devant les aléas de la vie. Il ne s'agit pas de se faire mal, de revenir à une éducation spartiate, mais d'inclure cette règle relativement simple : si toi, adolescent (comme nous l'avons toujours suggéré pour les autres étapes de son développement), tu acceptes de te frustrer dans un premier temps, tu auras beaucoup plus de joie et de plaisir dans un second temps, en tout cas beaucoup moins de frustrations. L'adolescent apprécie souvent ce genre d'argument, surtout si son objectif est bien le principe de plaisir à tout prix... Et, nous le savons, l'acceptation de la frustration n'est pas seulement indispensable pour acquérir une future solidité devant le principe de réalité, elle est aussi incontournable pour développer un jugement moral, le lien soi-autrui.

FAITES-LUI COMPRENDRE LES CONSÉQUENCES NÉFASTES D'UN REFUS DE FRUSTRATION IMMÉDIATE

Je veux faire ce que je veux (plaisir) = *Encore plus de frustrations à moyen terme* (déplaisir).

Votre adolescent évite les frustrations => Il aura encore plus de frustrations plus tard.

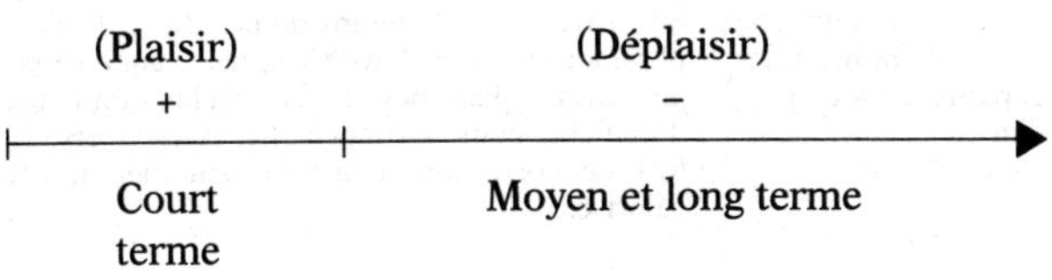

L'ado veut aller voir les copains dès le retour du lycée en début de semaine.	La rencontre avec les copains a différé le temps de travail scolaire. À la maison, il ne peut pas s'avancer. Il n'a pas la conscience tranquille, pense longtemps à ce devoir qu'il n'a pas commencé, tous ses temps de loisir amènent des sentiments de culpabilité. Il devra passer tout le week-end à rattraper ! Le résultat ne sera pas à la hauteur de ses capacités, il risque de perdre de l'estime de soi.

ACCEPTER LA FRUSTRATION IMMÉDIATE :

UN MEILLEUR CALCUL

J'accepte de différer mon plaisir immédiat = *Encore plus de satisfaction à long terme.*

Votre adolescent accepte de se frustrer => Il aura beaucoup moins de frustrations plus tard.

(Déplaisir) –	(Plaisir) +
Court terme	Moyen et long terme
L'ado résiste aux copains en début de semaine, il rentre chez lui pour s'avancer, les copains le traitent d'intello…	Les petits démarrages quotidiens ont permis de rendre le devoir moins difficile. Il est satisfait d'avancer, a le temps de peaufiner. Il n'est pas coupable de se divertir après chaque étape de travail. Pas besoin de gâcher tout un dimanche pour rattraper. Le résultat risque fort de correspondre à son potentiel, il est valorisé.

LE MÊME PRINCIPE POUR NOUS LES PARENTS !

Si j'accepte d'être exigeant avec mon adolescent en lui mettant des limites, en lui posant des interdits, en négociant fermement certains contrats de vie, je sais que je vais au-devant de difficultés relationnelles puisque je ne vais pas céder à toutes ses revendications et que je vais plutôt lui déplaire et le frustrer. Mais en agissant ainsi, vous devez être certains, parents, que ce mauvais moment à passer, lorsque vous n'évitez pas le conflit, va vous procurer un maximum de satisfactions à moyen et à long terme.

A contrario, si vous répondez immédiatement à ses désirs et n'imposez rien « en amont », vous vivrez un principe d'escalade bien connu : les demandes satisfaites immédiatement vont bientôt devenir exponentielles et cette fois-ci le conflit gagnera en quantité et en durée ! Bref, pour éviter une frustration à court terme (déplaire), vous vous offrez une plus grande frustration à long terme, ce n'est guère économique !

Un parent qui évite les frustrations se donne encore plus de frustrations pour plus tard.

La flèche représente une séquence de temps : Temps 1 ou T1 = court terme. Temps 2 ou T2 = moyen ou long terme.

Court terme	Moyen et long terme
Plaisir +	Déplaisir –
Je suis flou sur les heures de rentrée lors des premières demandes de sorties avec les copains un samedi soir, mon ado est ravi et me souhaite une bonne soirée, il m'aime !	Renforcé par sa nouvelle liberté, il rentre de plus en plus tard malgré nos recommandations. Au final il commence à revendiquer des sorties en semaine, puis des quotidiennes.
Il passe des heures sur Internet, vous faites appel à son bon sens et lui demandez de réguler lui-même son temps sur le PC. Il vous dit à quel point il est heureux que vous lui fassiez confiance !	L'Internet qui était au départ une distraction ou une aide éducative devient l'enjeu de conflits quotidiens, et les heures passées devant l'écran et leur coût deviennent dantesques !
Vous suivez sa règle : pas de travail scolaire chaque soir quand il n'y a a pas de devoirs ou leçons prévus. Il apprécie de ne pas avoir des parents bourreaux du travail et, accessoirement, d'enfants.	Vous découvrez qu'il fait toujours le scolaire à la dernière minute. Les résultats sont de plus en plus médiocres. Il vous faudra bientôt lui imposer des heures de rattrapage pendant les temps libres, d'où des conflits majorés !
Son look vous amuse, c'est un ado ! Tatouages, tenues extravagantes. Il vous séduit par un regard du style « Vous savez nous comprendre » !	Après une teinte de cheveux bizarre et des habits « mode », il amplifie les demandes : piercings, vous tentez de stopper les excès, il vous rejette pour ses copains.

Un parent qui accepte de se frustrer aura beaucoup moins de frustrations plus tard.

Court terme Déplaisir –	Moyen et long terme Plaisir +
Je décide de ses heures de rentrée pour une sortie avec les copains. Mon ado me fait la tête, conteste...	Passé les premières sorties où il a fallu batailler pour imposer « nos » horaires, il prend l'habitude de rentrer à telle heure, les demandes extravagantes disparaissent peu à peu.
Vous avez défini le temps qu'il pouvait passer sur le net. Votre ado pense que vous êtes hors jeu, un « dinosaure ».	Peu à peu il respectera ce temps de loisirs, restera dans l'acceptable et ne deviendra pas un addict de l'Internet. Il consacre plus de temps à sa scolarité, les résultats s'améliorent.
Un temps de travail scolaire est imposé quotidiennement même lorsqu'il « n'a rien à faire ». Il crie à l'injustice.	Il prend l'habitude d'un rythme régulier de travail scolaire à la maison. Il reprend certaines matières délaissées. Il n'aura pas besoin de bachoter en période d'examens.
Son look ne doit pas dépasser un certain seuil de tolérance. Votre ado est scandalisé par votre intolérance !	Les tentatives de tenues extravagantes disparaissent peu à peu. Il s'inspire progressivement des modes ados mais y adhère sans excès.

Mais tout cela reste du verbe, il va falloir bientôt agir, l'éducation n'est pas qu'une médiation verbale entre l'adolescent et le parent, c'est aussi et surtout une médiation comportementale : nous, parents, sommes d'accord ou non avec certaines demandes, attitudes et comportements, nous te le faisons savoir mais nous t'aimons quoique tu fasses. Te frustrer ne signifie pas ne pas t'aimer !

Être exigeant, ce n'est pas collaborer !

ATTENTION AUX NÉGOCIATIONS !

LE THÉRAPEUTE : *Comment va Adeline en ce moment ?*

LA MÈRE : *C'est formidable, elle est adorable, merci pour vos conseils !*

(Je quitte la maman et reçois Adeline, jolie adolescente de 14 ans.)

LE THÉRAPEUTE : *C'est le miracle, plus de guerre à la maison, les notes scolaires remontent et tu es souriante ! Qu'ont fait tes parents pour que tu sois si sympa ?*

ADELINE : *Vous vous souvenez, le petit copain que mon père ne voulait pas voir... eh bien, ils ont accepté que je le rencontre tous les samedis après-midi, il peut venir à la maison et je peux même aller chez ses parents !*

LE THÉRAPEUTE : *Le petit copain de 18 ans ?*

ADELINE : *Oui... mes parents ont bien vu qu'il était sympa. Ce que je suis heureuse ! J'ai vraiment des parents super !*

LE THÉRAPEUTE : *Comment as-tu obtenu ce qu'ils ne voulaient surtout pas il y a quelques semaines ?*

ADELINE : *Je leur ai promis de bien travailler et de faire des efforts à la maison, c'est ce que je fais...*

La belle histoire n'allait pas durer, Adeline allait vite demander une contraception et revendiquer plus de liberté pour les rencontres. Les sorties s'amplifièrent, la scolarité fut délaissée et, devant les tentatives de régulation des parents, Adeline recommença bientôt à menacer, à rentrer dans des conflits perpétuels pour la moindre frustration.

Non, ce n'est pas à l'adolescent de diriger une quelconque négociation de ses droits, c'est à vous parents de mener la barque, à vous de dire ce que vous demandez, pas la peine de l'assortir d'une quelconque carotte au départ. Il ne sera pas interdit de gratifier plus tard des comportements qui témoignent, selon vous, d'un réel effort de votre enfant (renforcement du positif), mais donner avant d'obtenir n'est jamais la solution. L'achat d'un scooter pour encourager l'élève de troisième en fait rarement un lauréat du brevet des collèges ! Le studio alloué à l'ado qui a besoin de liberté pour préparer le bac n'a pas plus de résultat !

Mais la collaboration parentale est bien plus pernicieuse, il ne s'agit pas simplement de céder aux demandes de l'adolescent sans aucune contrainte ou effort de sa part, il est souvent question tout simplement de permissivité devant ses attitudes.

PAS D'ÉDUCATION SANS FRUSTRATIONS !

Quand vous dites...	*Vous renforcez son intolérance aux frustrations. Vous collaborez !*	*Vous intégrez la frustration au quotidien. Vous éduquez !*
« Quand il est en vacances, je le laisse souffler un peu... »	Oui	Non
« Du repos, oui, mais que peut-il faire pour nous aider à la maison ? »	Non	Oui
« Ils aiment bien écouter leur musique très fort à cet âge-là... »	Oui	Non
« Baisse ta musique, elle nous gêne, nous vivons ensemble ! »	Non	Oui
« Il a d'excellents résultats scolaires, il a beaucoup de facilités ! »	Oui	Non
« Je te demande de travailler régulièrement, la réussite c'est aussi une quantité d'efforts. »	Non	Oui
« Il peut bien découcher à son âge, ils le font tous ! »	Oui	Non
« Je te demande de rentrer à telle heure ! »	Non	Oui
« On peut lui donner un peu plus d'argent de poche ! »	Oui	Non
« Que peux-tu faire pour augmenter tes revenus ? »	Non	Oui
Chez vous :		

Ne répondez pas à toutes ses demandes !

N'ÉVITEZ SURTOUT PAS LES CONFLITS !

Cela ne veut pas dire qu'il faut rentrer dans des débats sans fin sur le pourquoi du comment de telle exigence familiale. Cela ne signifie pas qu'il faille s'enfoncer dans des arguties sur telle ou telle émission de télévision, sur tel ou tel film ou lecture, sur une opinion politique. Débattre, les mots, le verbiage... Nous savons pratiquer. Être conflictuel, c'est autre chose, c'est s'opposer au désir de l'ado quand ce dernier exige ou revendique démesurément. Et c'est au quotidien, dans les actes et non les paroles qu'il nous faut contrôler, réguler, confronter, refuser, interdire.

La liste ci-dessous n'est pas exhaustive mais peut aider à vous convaincre qu'il est plus facile d'exiger au départ que de se laisser entraîner dans des revendications permanentes. Même si cela est forcément conflictuel, parce que mal perçu par votre adolescent, l'intervention dite « à la première marche de l'escalier », empêchera de futurs débordements et autres comportements extravagants (derniers étages après les centaines de marches gravies !). Voici donc, quelques contextes où nous pouvons anticiper les demandes et inclure une dose homéopathique de frustration, donc d'interdit.

CONTRAINDRE, EXIGER OU CONTRACTER, NÉGOCIER ?

Comme je le soulignais précédemment, si vous, parents, ne voyez qu'annulation de la personnalité de votre adolescent dès que vous lui imposez une règle de vie, vous risquez fort d'être débordés par ses demandes. Il deviendra celui qui exige et vous serez ceux qui tenteront de négocier au coup par coup pour éviter d'être annulés.

Oui, il est plus âgé, oui, il mérite que les règles de vie soient plus argumentées, explicitées, mais oui, vous pouvez fixer votre code de vie familial parce que vous lui montrerez une fois de plus qu'il est bien question d'un partage des libertés, du respect du territoire de chacun. Oui, aux revendications qui vous paraissent justifiées, non à tout ce qui est trop hors normes de votre culture familiale. S'il veut vivre entièrement sa façon d'être, il le fera plus tard, cette volonté de quitter la culture « maison » qu'il n'apprécie plus sera d'ailleurs le meilleur tremplin pour vouloir se séparer et devenir adulte. Oui, parents, vous pouvez dire « non » quand les attitudes et les exigences de votre ado ne tiennent plus compte de vous, de vos valeurs, quand le lien Soi-Autrui est de nouveau brisé.

LES ROUTINES DU QUOTIDIEN

Le thérapeute s'adresse à Damien, 17 ans, élève de terminale S qui a bien du mal à dépasser le six de moyenne générale :

LE THÉRAPEUTE : *Le lycée ne va pas fort, mais parle-moi de la maison, de ce que tu fais chaque jour...*

DAMIEN : *Ce que je fais ?*

LE THÉRAPEUTE : *Tu ne fais pas grand-chose pour le lycée, tu es d'accord ?*

DAMIEN : *Il y a un peu de ça !*

LE THÉRAPEUTE : *Tu dois bien avoir du temps libre pour aider chez toi, ranger ta chambre, t'occuper de ton linge, faire des courses...*

DAMIEN : *Vous savez je suis un ado, alors la chambre, les courses, je ne suis plus un gamin !*

L'ado ne fait plus de tâches ménagères et c'est normal ! Combien de fois ai-je entendu cela ! Et pas seulement de la part des ados eux-mêmes, bon nombre de parents sont persuadés qu'il ne faut rien demander pendant la « crise » ! Alors répétons-le : la « crise d'adolescence » est une hypothèse, pas une certitude, ce n'est pas une génération spontanée, nous l'avons déjà dit, elle est la simple continuation de tout ce qui n'a pas été appréhendé avant – j'ai raté quelques incontournables de l'éducation lorsqu'il était plus jeune, il y a de grandes chances qu'il « crise » si je lui impose de la frustration à un moment où il n'en veut plus du tout. À l'inverse, si vous avez été éducateurs jusqu'à cette époque, pourquoi donc devriez-vous, parents, accepter des comportements que jusque-là vous combattiez ?

LES INTERDITS ET LES EXIGENCES NE DOIVENT PAS DISPARAÎTRE !

Prenons quelques exemples…

L'hygiène

Il ne se lave plus. C'est bien rare que cette attitude apparaisse spontanément : un enfant qui a pris l'habitude de soins corporels quotidiens en tire toute satisfaction et aura bien du mal à se laisser aller de ce côté-là. Ne confondons pas avec l'adolescence des années soixante qui bénéficiait rarement d'une salle de bains moderne, ce qui arrangeait notre paresse ! Si votre enfant quitte ses règles d'hygiène, n'y voyez pas un comportement d'opposition normal et même souhaitable selon certains dogmes, demandez-lui de respecter votre règle familiale : soigner son corps et respecter ceux qui vivent avec lui. Une bonne hygiène est donc une loi non négociable, qu'il se l'entende dire. Qu'il soit mal à l'aise dans sa nouvelle identité corporelle, soit, qu'il en rajoute avec des cheveux gras d'une semaine et une haleine de pestiféré... Toujours ce même problème de limites que vous devez imposer.

Les couchers

« Il n'éteint la lumière de sa chambre que très tard dans la nuit, mais c'est l'âge ! » Pas question de l'envoyer au lit à heure fixe comme lorsqu'il avait 10 ou 12 ans, mais parler d'extinction des feux s'il ne sait pas se réguler seul. L'enfant habitué à se coucher à des heures convenables sait bénéficier des plus longues veilles accordées à l'adolescence. Si votre enfant fait partie de ceux qui ne cessent d'écouter de la musique jusque tard dans la nuit, n'hésitez pas à exiger un arrêt de toute activité à telle ou telle heure : il grognera mais vous le protégerez. Il sait très bien que le manque de sommeil est incompatible avec une bonne hygiène mentale et que la scolarité est bien le domaine qui en souffrira le plus. Accepter les décalages horaires imposés par l'ado ne fait qu'amplifier les décalages tout court avec le principe de réalité.

L'alimentation

Au nom de la sacro-sainte liberté, certains parents ne vont pas oser (comme pour les habits) imposer une alimentation saine devant les revendications ados. En fait, l'adolescent est souvent adepte de la « malbouffe » et tente dans ses refus des mets familiaux d'imposer (comme à l'étape précédente) le mou, le sucré, la nourriture « fun ». Certains psys vous conseillent de ne pas trop intervenir et de stimuler votre ado pour qu'il fasse de l'exercice et compenser ainsi certaines prises de poids ! N'attendez pas qu'il soit obèse (l'obésité nord-américaine ne correspondrait-elle pas à l'avènement des enfants rois outre-Atlantique ?). Je préfère, une fois de plus, une version plus exigeante : oui pour avoir des repas « fun » (anglo-saxons) mais pas chaque semaine et n'importe quand. Oui pour qu'il nous dise ses goûts et qu'il soit gratifié de temps à autre de son plat favori, mais lui demander de manger principalement ce qu'on lui propose, surtout quand c'est sain ! Deux fois oui quand on lui demande de nous faire un repas équilibré pour tous !

No man's land ?

Encore une croyance qui me semble des plus irritantes : Il est normal que l'ado marque son territoire par un lieu à lui, hors normes familiales, pour pleinement actualiser son autonomie ! Si l'on peut me prouver que les adolescents qui ont marginalisé leurs chambres sont plus matures que les autres, je veux bien remettre en cause ma « rigidité », pour reprendre le qualificatif de certains collègues professionnels. Ce que je vois la plupart du temps c'est que la chambre chaotique correspond bien au chaos interne de l'enfant ou ado immature que j'ai en face de moi. Elle signe le plus souvent, non pas une volonté de se différencier, mais surtout une prise de pouvoir dans la famille : c'est l'état dans l'état. Quant aux « rigides », ces adolescents qui rangent leur chambre (tout en gardant les signes de leur génération, leurs posters, leurs décorations, leurs centres d'intérêt et leur singularité, mais le tout sans débordements inacceptables), ils témoignent souvent un « Je range surtout pour faire plaisir aux parents... ». Serait-ce en rapport avec le lien Soi-Autrui ? Je me rappelle cet adolescent qui se vantait d'avoir tagué tous les murs de sa chambre et qui savait qu'il narguait sa « bourge de mère ». Je lui demandai : « Comment tu te sens dans une chambre pareille ? » et lui de répondre illico : « Comme dans la rue ! » Chiens perdus sans colliers... Mais je ne peux pas résister à cette dernière citation concernant la chambre, l'aire de liberté de l'adolescence : « Le détachement de la mère pour l'endroit où dort et vit son adolescent marque l'abandon symbolique du lieu où il a grandi : une préparation à la séparation vers une vie future autonome. »

Bref, les parents, laissez faire, c'est bon pour lui ! Nous les retrouverons les « autonomes » quelques années plus tard. Ils auront les mêmes attitudes d'adultes rois. Et prions pour qu'ils trouvent un conjoint ou une épouse très consentants pour les tâches ménagères...

L'habillement

Il serait donc normal à l'adolescence de rester emmitouflé dans une écharpe en plein été et d'arborer un simple T-shirt aux premiers frimas. Cela correspond-il vraiment à une méconnaissance des saisons particulièrement typique chez l'ado ou finalement à cette perpétuelle volonté de faire ce qu'il veut quand il veut ? Là encore, parents, reprenez votre bon sens et exigez qu'il enlève son couvre-chef (sa casquette, s'il en a une) dans votre lieu de vie, qu'il s'habille correctement selon la température ambiante. Vous ne le briderez pas en lui rappelant les lois d'une bonne hygiène de vie. Et puis, vous éviterez les grippes à répétition, bref, comme pour l'alimentation, vous poursuivez votre dur métier de parent.

Les achats de vêtements

Parents, restez dans la nuance ! Pas question de faire remettre à nos ados les blouses grises des lycées d'antan, il existe une culture ado de l'habit, qu'elle vienne de chez nous ou d'ailleurs, nous ne pouvons que subir les influences du marketing. Mais vous pouvez, une fois de plus, bannir les excès. Qu'un jean taille basse soit mode n'oblige personne à autoriser son ado à l'achat d'un pantalon de deux tailles plus larges avec le tiers des fesses à l'air et cette allure régressive du tout-petit « qui a fait dans sa culotte ». Quand votre fille se veut plus sexy dans des pantalons moulants, pourquoi pas, mais attention aux futures lolitas ! « Cette apparence provocante n'est pas synonyme de sexualité débridée. Le pantalon moulant en est le plus clair symbole : tout en exhibant le corps, il le maintient hors de portée de l'homme[4]. » Je suis sans doute un libidineux, mais quand je vois les lingeries exhibées des lolitas, je me rappelle cette phrase d'Albert Ellis : « *All men are kangaroos !* » Mais si le pantalon moulant protège de la gent masculine, alors là... je m'incline !

Le look

Si sa tenue vestimentaire vous heurte, vous entendez souvent ces interprétations classiques : c'est votre propre problème face à la jeunesse et sans doute à votre vieillissement ou c'est sa nouvelle autonomie que vous n'acceptez pas.

Si je crois ces conclusions, je risque fort d'accepter toutes les extravagances de mon ado : de la crinière rouge ou jaune aux piercings les plus farfelus. Non ! Vous avez le droit, parents, (et c'est ce qu'ils attendent quand ils me disent : « Ils ne sont pas vrais, ils n'aiment pas ma tenue mais ne me disent rien ! ») d'établir vos règles familiales concernant ce qui est acceptable ou non. Non pas pour réfuter toute mode ado mais pour, une fois de plus, rétablir une juste harmonie entre sa

4. *Op. cit.*

liberté et la vôtre : « Ton goût n'est pas le mien, je sais que je suis hors jeu pour beaucoup de choses, mais je ne veux pas de certains dépassements dans notre maison. » Sa liberté et votre façon de vivre, une étape vers le lien social. D'ailleurs, les ados qui ont compris que les parents avaient droit à un certain respect savent, comme par miracle, ne jamais dépasser les limites de l'acceptable : un piercing sur une narine là où d'autres en exigent dix et n'importe où, une coiffure ou teinte de cheveux « actuelle » sans tomber dans le néo-punk, des vêtements cool sans verser dans le sac ou la provocation lolita.

Quant à la banalisation des tatouages, soyez vigilants, accepter un « tattoo » factice générera inévitablement une envie d'en avoir un vrai si votre ado est dans un processus d'escalade de demandes. N'hésitez pas à interdire : pas de tatouage chez moi !

Il est grossier !

Devons-nous réellement accepter les écarts de langage de l'ado ? Nous ne sommes pas dans le Bronx et la langue française a plus de mots que « Pu... », « Fais ch... ». Vous avez le droit de mettre un « No No » (prononcer le « non » à l'américaine pour mieux signer votre désaccord et faire plus jeune) à la grossièreté. À moins que vous ne défendiez cette croyance « psy » : l'agressivité verbale serait un dérivatif à la nouvelle sexualité de l'ado qui se trouve jusque-là bridée par les interdits et la moralité, c'est son exutoire. Dans ce cas, tolérez le « Va te faire f... » qui prend tout son sens !

Non, rien ne justifie que votre enfant vous insulte, ce genre d'attitude révèle tout simplement que vous le gênez dans sa quête de l'omnipotence, vous avez donc raison d'intervenir en le condamnant fermement.

Les loisirs

Porté par la culture ado, il est de bon ton, pour s'affirmer prétendent certains psys, de stopper les activités jusque-là maintenues. Et puisque la vieille croyance « Un enfant doit essayer un maximum de choses (loisirs, sports, musique) » est toujours aussi active, nous sommes tentés d'abonder en ce sens. Après tout, il n'a plus l'âge d'aller s'entraîner au foot, je comprends qu'il soit saturé de ses cours de musique. Qu'il tente de nouvelles activités plus en harmonie avec son âge me paraît logique mais qu'il laisse tomber tout ce qu'il faisait jusque-là est disproportionné. Et c'est souvent le sport qui est le plus vite délaissé : dans la culture ado, être sportif est sans doute un signe d'immaturité ! Au moment où ils ont le plus besoin d'extérioriser de l'énergie, d'être en pleine harmonie avec leur corps, ils tentent de le nier.

Tenez bon, parents, vous avez le droit d'exiger un minimum d'activités sportives et de loisirs tout en négociant la quantité, la qualité ou le contenu avec votre enfant. Vous ne décidez pas seuls, c'est la différence avec l'âge précédent, mais lui non plus. Vous négociez pour tenir compte de ses nouvelles aspirations, mais si le contrat est impossible, si la demande est démesurée, vous pouvez exiger qu'il poursuive telle ou telle activité et interdire telle ou telle autre.

Ce qu'aime un ado	*Ce qui est exagéré*
Le sport : quitter les activités traditionnelles.	Qu'il n'en fasse plus du tout.
La musique : essayer d'autres instruments.	Qu'il arrête complètement l'instrument travaillé depuis des années.
Le cinéma : choisir ses films.	Que ce soit sa seule activité. Que vous ne voyiez plus un film ensemble.
Les dimanches : avoir des activités hors famille.	Qu'il ne participe plus du tout à votre vie de famille.
Les vacances : en passer avec des amis.	Qu'il ne vous accompagne plus dans vos périples.
La télé, la radio, les revues, les magazines : voir, écouter, lire ce qu'il aime.	Que vous le laissiez entièrement libre de tout voir, tout écouter, tout lire.
Les copains : passer beaucoup de temps avec eux.	Ne plus fréquenter qu'eux.
Les jeux vidéo : se distraire avec du moderne !	Qu'il ne fasse plus que ça, abandonne toute autre activité et surtout la lecture.
L'Internet : y surfer comme les copains.	Qu'il y passe de nombreuses heures quotidiennes.

En résumé : il veut une liberté totale, vous devez la négocier si c'est possible et la restreindre si les demandes sont démesurées ou hors de votre culture familiale.

ON NE FAIT PLUS CRÉDIT !

« Je ne peux rien faire avec 50 euros ! » me dit un adolescent de 17 ans. Et moi de chiffrer avec lui toutes les dépenses auxquelles il ne participe pas : l'inscription trimestrielle à l'internat en guise de loyer, la carte de la cantine mensuelle pour les repas et « tout le reste » à la charge des parents : les trajets entre le foyer et le lycée, le linge, les achats de fournitures scolaires, de vêtements. Donc, 50 euros qui ne concernent que le loisir. Sans doute pas de quoi hurler au gaspillage, mais j'aurais aimé que les parents de cet ado évaluent clairement les dépenses avec lui, ce qu'il coûte réellement, cela éviterait les remarques désobligeantes. Et cela n'arrive pas que chez les familles aisées : l'argent dit de poche semble dû sans explications. L'obligation parentale ne va pas jusque-là et il n'est pas interdit de demander à votre enfant de faire quelque chose en plus du scolaire pour gagner cet argent de loisirs.

Là encore, nous avons un certain retard avec les ados d'outre-Atlantique qui n'hésitent pas à laver des voitures, faire des gâteaux, distribuer les journaux, remplir les sacs de provisions des clients dans les grandes surfaces, etc. Et puis les parents dans certains milieux défavorisés ont-ils chacun 50 euros à dépenser par mois pour leurs loisirs ? Combien de fois ai-je assisté à cette escalade de dépenses-loisirs chez certains adolescents qui ne seront pas sûrs d'avoir le même train de vie avec leurs futurs métiers. Est-ce vraiment les aider ? « Les enfants de bourgeois n'ont pas besoin de travailler, eux ! » me répliquait-on lorsque j'essayais d'introduire la réalité des recettes et des dépenses avec une famille. Pour moi, ce lien entre « Qu'est-ce que je fais pour gagner un peu d'argent ? » et « J'ai envie de consommer plus ! » devrait être indépendant du milieu social de départ.

Le compte en banque

Si l'exigence d'un petit travail (ou d'aide à la maison, tous les contrats sont possibles) n'est pas liée au compte en banque de certains adolescents, ces derniers constatent que ce fameux compte est toujours alimenté. « Mon enfant est autonome, vous savez, il gère tout seul ses finances ! » Ce qui m'ennuie c'est l'origine des finances, pas leur gestion. Parce que le plus souvent, et cela répond toujours à mon principe de l'escalier (si je ne frustre pas mon enfant en amont, ses demandes seront exponentielles pour répondre au principe de plaisir immédiat), cette fameuse autonomie va créer des déficits. La demande de consommation est toujours plus vigoureuse chez nos intolérants aux frustrations et ils vont, bien sûr, se retrouver à découvert. Les banques le savent pertinemment et autorisent ces fameux découverts, quelle compassion pour les adolescents : dépensez surtout ce que vous n'avez pas, vous serez de futurs gentils consommateurs et nous vous prêterons allégrement à des taux avantageux ! À moins, je l'ai entendu, que ce soit « Typique de l'ado d'être à découvert... ». Il est vrai que lier les revenus au travail a un petit goût désuet pour ne pas dire réactionnaire !

Il gère seul !

L'argent est souvent vécu comme une autre symbolique de la future autonomie. Ainsi, savoir gérer librement son argent signerait l'entrée de l'adolescent dans le monde adulte. Oui, enfin si l'on veut. Pour moi, laisser un adolescent gérer seul ses dépenses alors qu'il ne travaille pas pour gagner son argent de poche, qu'il ne respecte aucun contrat (Pas de bons résultats scolaires, pas d'aide domestique) l'éloigne un peu plus de la réalité et donc de l'autonomie. S'il apprend très tôt qu'il peut consommer sans limites, que tout est possible, il deviendra non seulement plus dépendant des parents à son âge mais des banques et des autres en général, plus tard.

« Mais c'est mon argent ! » clament beaucoup d'ados lorsque survient l'épineuse question de qui contrôle les dépenses. Répondez-lui : « Comment le gagnes-tu ? » Et surtout, comme toujours, établissez un mode de gestion réaliste. Tu obtiens tel subside si tu fais telle chose, tu peux gérer telle somme tout seul mais pour de gros projets, tu nous en parles. Est-ce du chantage ? Pour moi, non, l'argent est lié à un contrat entre votre enfant et vous : scolarité, aide, petits boulots, ce n'est pas un dû, c'est une conséquence et ce sera aussi la conséquence de sa future intégration sociale, à moins qu'il ne soit subventionné à perpétuité. Et méfiez-vous des gestions autonomes, vous n'aurez plus d'impact si les choses s'enveniment à la maison. Comment voulez-vous signifier votre désaccord en supprimant sa « poche » pour x raisons si votre enfant peut sortir allégrement des finances de sa « réserve » ? (L'accumulation des dons aux fêtes, anniversaires et Noëls est souvent surprenante.) Alors là encore, vous pouvez imposer votre règle : tant que tu ne pourvois pas à tes dépenses seul, nous gérons tes finances avec toi.

Il dépense ce qu'il veut !

Parents, faites preuve encore une fois de bon sens. S'il est souhaitable que votre ado puisse faire certaines dépenses sans votre avis (prendre un pot avec les copains, acheter des revues, aller au cinéma, etc.), il est tout aussi louable de négocier avec lui quand il est question de dépenses plus importantes. Il est déjà bien stimulé et manœuvré par la grande distribution, n'en rajoutez pas ! Dès que l'envie d'achat dépasse une dizaine d'euros, vous devez en parler, conseiller, voire interdire. Quand j'entends certains ados me raconter leurs dépenses d'un après-midi dans tel hypermarché, cela donne des frissons. Des dépenses de vêtements, de CD ou tout autre achat se chiffrent parfois en une centaine d'euros. Et quand l'origine des revenus est occulte (pas vraiment méritée, ni gagnée) cela devient délirant : dépenser en quelques minutes l'équivalent de... À vous de faire le lien avec la réalité sociale. Bien sûr, contrôler les dépenses sera un conflit mais c'est aussi une protection. Et puis, souvenons-nous de nos achats spontanés, en gardons-nous les meilleurs souvenirs ? L'hédonisme à moyen ou à long terme : savoir économiser (surtout l'argent que l'on gagne) et attendre pour que l'achat soit non pas une consommation de plus mais un plaisir plus intense et qui va durer, tout un apprentissage !

C'EST L'ÂGE DES PREMIÈRES AMOURS !

L'adolescence se définit souvent par l'âge de la sexualité. Nos petits deviennent progressivement hommes et femmes. Les professionnels de la santé écartent rarement le sujet et sont des plus prolifiques. C'était sûrement justifié après des années de répression. Quand la sexualité chez le « pas encore adulte » ne justifiait que la condamnation, le non-dit, le silence ou l'interdit tout court. Dans les années soixante, Albert Ellis, encore lui, devenait un des pionniers de la libération sexuelle avec son fameux *Sex without guilt*. Cette révolution d'alors libérait le corps des contraintes morales de tout poil. Aujourd'hui, je serais tenté de remplacer ce « Sexe sans culpabilité » par « Sexe sans permission parentale », surtout pour nos adolescents. Il est bon de ne pas diaboliser la sexualité, de l'évoquer, d'informer, de partager certaines angoisses surtout à l'âge des questionnements. Mais, de grâce, ne participons pas une fois de plus à des croyances solidement ancrées, que ce soit dans la culture ado ou dans notre culture tout court.

« Des relations sexuelles précoces signent une bonne maturité. » Ceux qui n'auraient pas de sexualité à l'adolescence seraient donc anormaux ! Beaucoup souffrent de ce diktat ado alors qu'ils sont plus préoccupés par l'état amoureux que par le passage à l'acte lui-même. Bref tous les romantiques au placard, faut y passer !

« Avoir ses règles signe le statut de femme ! » Est-il recommandé de vivre rapidement une sexualité ? Le bouleversement physiologique des menstruations ne révèle pas forcément le désir sexuel et son épanouissement ! Il existe sur le sujet un grand nombre de certitudes toutes plus contestables les unes que les autres, soyez prudents, parents, soumettez-les à la question. Je pense qu'il vous appartient de bien évaluer si les demandes de votre ado sont réelles ou si elles sont stimulées par « ce qu'il faut faire à cet âge-là ». S'il existe une réelle précocité sexuelle chez votre enfant, il est bon d'en parler et d'aborder la contraception. Si la demande est floue, vous ne serez pas un moralisateur castrateur si vous échangez sur l'état amoureux, les sentiments, les risques de la pornographie.

Chambre d'hôtes ?

Et si la sexualité existe bel et bien chez vos ados, arrêtez le voyeurisme et laissez-les la vivre sans vous. Que signifie cette attitude parentale qui consiste à inviter le ou la partenaire de l'enfant à la maison ? J'y vois quelque chose de malsain dans ce « Viens chez moi avec ta copine » et cette permissivité oublie l'exigence d'intimité dans ce qui est le plus privé. D'ailleurs, la plupart du temps, les amants accueillis le sont parce qu'ils l'ont demandé par facilité, comme le reste, comme les prêts de voiture, les demandes d'argent, de loisirs. Alors pourquoi se prendre la tête avec la sexualité si on peut tranquillement bénéficier de sa chambre d'hôtel à la maison !

Cette nouvelle exigence s'inscrit encore une fois à la suite de demandes maintes et maintes fois acceptées, le principe de l'escalade issu de la permissivité parentale. Et lorsque j'entends les confidences de certaines ados qui ne comprennent pas les demandes *hard* de leur partenaire omnipotent, je n'y vois que cette absence du lien Soi-Autrui : tu es avec moi parce que j'ai envie, quant à toi et tes désirs... Entre lire et relire *L'Éducation sentimentale* de Flaubert et les mises en scène *hard* dans les « chambres d'hôtes », il y a sans doute de la place pour l'éducation : ne pas bannir la sexualité des adolescents mais ne pas la stimuler pour autant. Cela leur donnera aussi envie de devenir adultes s'ils n'ont pas déjà vécu des difficultés ou des expériences d'adultes.

LES ÉTUDES

Ce sujet mérite un livre à part entière : voilà pourquoi je l'ai déjà abordé dans *Peut mieux faire*. L'essentiel est pour vous, parents, de ne pas tomber dans une croyance toute faite comme celle qui suit :

Pour beaucoup de spécialistes, un désinvestissement dans le travail scolaire signe un état dépressif latent... Les exemples pris sont souvent ceux de jeunes filles brillantes à l'école qui s'engouffrent dans une anorexie prévisible... Non, la démotivation ne marque pas forcément un état pathologique sous-jacent gravissime. L'adolescent qui n'aime plus l'école peut souffrir de dévalorisation (je me sens nul, incompétent), d'anxiété (je ne suis valable que si mes résultats sont bons et vice versa) et surtout d'intolérance aux frustrations (je n'aime pas étudier ce qui est dur ou ce que je n'aime pas).

L'éducation a donc son rôle à jouer avec une médiation appropriée : revaloriser son enfant en dehors de la scolarité s'il se sent diminué, ne pas tout fixer sur le scolaire s'il croit que « sa note » c'est lui. Rétablir des rythmes de travail, de l'aide au quotidien à la maison s'il est très vulnérable à l'effort et aux frustrations en général. Et il est bon de ne pas oublier qu'il faut parler avec son enfant de ses futurs objectifs, évoquer ses centres d'intérêt pour mieux le guider, et non le figer, et éviter ces fausses options professionnelles. (Bien souvent, je constate qu'il vaut mieux orienter vers le « technique » certains ados que les parents poussent vers le « général » et qui ne deviendront plus tard que de faux « terminale S ».) Il n'y a pas de motivation scolaire sans vision de sa vie à moyen et à long terme.

Crions haro sur les réflexions du type « L'école crée l'inadaptation et la démotivation des élèves », « S'il est bon élève c'est mauvais pour lui ».

En cas de crise

DES SANCTIONS À SON ÂGE ?

Faire de la morale avec un adolescent ne sert strictement à rien. Il est lui-même dans sa quête de valeurs et cela se traduit le plus souvent par un refus des vôtres si elles n'ont donné jusque-là que conflits et dysfonctionnements. Répétons-le, il faut tout éviter pour en arriver à sanctionner « Comme un gamin », en faisant une sorte de prévention en amont avec les incontournables de l'éducation : non seulement, amour et stimulation, compréhension et partage, relationnel et faire avec, mais aussi exigences et contrats, interdits et contrôles.

Néanmoins la sanction est parfois indispensable quand la relation ne suffit plus et que les comportements s'exaspèrent. Là aussi, l'attitude parentale de « permis à points » est plus utile qu'une grande leçon de morale qui ne sera non seulement pas écoutée mais vite contestée, contre-argumentée pour se voir au final réfutée. Il vous faudra ressortir les bonnes vieilles « conséquences logiques » que vous avez déjà utilisées au stade précédent. Devant les passages à l'acte, vous ne pouvez plus que restreindre sa liberté et son confort matériel, il s'agit bien de conséquences et non de contre-agression. Disposer d'un arsenal de sanctions de « bon sens » est la meilleure parade pour ne pas tomber dans l'émotionnel, dans les sanctions disproportionnées et rejetantes. La loi de la sanction reste la même : tu agis de façon déviante, tu mérites telle conséquence, mais cela n'a rien à voir avec ce que l'on pense de toi. Cette sécurité d'être aimé même lorsque vous condamnez ses comportements l'empêchera de s'enfermer dans des provocations sans fin.

Il fait	*Vous sanctionnez*	*Vous le rejetez*
Il dépense trop et se retrouve à découvert.	Il travaille pour combler le déficit.	Vous le qualifiez d'immature, de désinvolte.
Son bulletin trimestriel est déplorable.	Il fait du rattrapage à la maison au lieu des sorties prévues.	Vous lui prouvez qu'il ne fera rien de bon plus tard.
Il passe des heures sur le net ne peut réguler son temps.	Vous supprimez pour l'instant l'ordinateur.	Vous l'assurez que l'engin rend débile.
Il ne respecte pas ses heures de sortie.	Vous stoppez les sorties jusqu'à nouvel ordre.	Vous lui faites la morale sur « ses » fréquentations.
Il s'achète des vêtements que vous aviez interdits.	Vous ne lui accordez plus cette liberté d'achats sans vous.	Vous vous moquez des modes ados.
Chez vous... *Il fait* *Trouvez des exemples*	*Vous sanctionnez*	*Vous le rejetez*

Conclure ce chapitre par les sanctions laisse un goût amer. L'objectif était, vous l'avez compris, de tout faire pour ne pas en arriver là ! N'oubliez jamais qu'il n'est possible d'asseoir son autorité parentale que si vous êtes déjà parent au quotidien : si vous êtes exigeant, souvent conflictuel, mais aussi si vous savez l'écouter, partager avec lui, en fait, si vous l'aimez. Terminer par l'amour c'est mieux !

Conclusion

Ne confondons pas les époques !

En lisant ce manuel, vous avez compris qu'il était nécessaire d'instiller constamment des demandes et des exigences dans votre façon d'éduquer vos enfants. Vous avez entendu qu'il n'était pas question d'abandonner vos désirs de communiquer, de stimuler, d'accompagner, d'aider : l'enfant développe son estime de soi avec de l'amour et non pas avec de la distance, de l'ignorance, de l'abandon. S'il était utile à une certaine époque de faire contrepoids à l'éducation autoritariste du début du XXe siècle en s'insurgeant contre les méthodes passées et en appréhendant l'enfant comme une personne, je pense sincèrement que le futur adulte du XXIe siècle a besoin d'autre chose : d'amour et de frustration.

L'excès de frustration signifiait le plus souvent la castration, la dévalorisation, voire l'annulation d'une personnalité en devenir. Beaucoup ont souffert de cette lente reconquête de soi, reconstruction souvent coûteuse et douloureuse. D'où sans doute cette confusion entre nos émotions si bien ancrées dans nos schémas infantiles et les revendications absolutistes de toute une génération : l'épanouissement de l'homme et surtout du futur homme ne peut s'exprimer que dans le principe de plaisir. Il suffisait alors de philosopher quelque peu, d'asséner quelques certitudes pour affirmer une nouvelle théorie de l'éducation : toute autorité parentale forte ou conflictuelle était forcément destructrice. Les partisans de l'éradication de toute frustration en éducation avaient oublié les enfants résilients qui ont su combattre les déterminismes avec une réaction et une soif de vivre étonnantes.

Principe de réalité et lien Soi-Autrui

Inclure la frustration au quotidien, permettez-moi cette répétition, c'est ne pas se laisser envoûter par les sirènes de la permissivité qui signent le plus souvent notre propre fragilité devant le principe de réalité, notre propre intolérance aux frustrations en tant qu'adulte. Savoir frustrer en éducation c'est aussi agir tôt : ne pas craindre d'interdire, de déplaire même au tout-petit. Cette loi adulte, le petit enfant va l'intégrer, il va progressivement acquérir deux bonnes habitudes. La première est d'accepter que je ne peux pas tout posséder, tout faire, que je dois m'inscrire dans la réalité, c'est-à-dire dans l'acceptation des contraintes, des frustrations, des aléas de la vie en général. La deuxième habitude est cette permanence de l'autre : je ne vis pas seul et la majorité des exigences parentales signent que je ne suis pas unique, que le lien Soi-Autrui est aussi incontournable que le développement de ma propre estime de soi.

Provocation ou réfutation ?

Le ton de ce manuel est parfois provocateur. Je sais pertinemment qu'il est difficile d'éduquer dans un contexte socio-économique toujours aussi mercantile où l'intérêt des marchands est avant tout de stimuler le principe de plaisir et en corollaire l'individualisme. À ce titre, nos enfants sont une proie facile. Mais c'est justement parce que la lutte semble si inégale qu'il faut retrouver un principe de réalité à la maison : l'hédonisme à court terme est un leurre. Je conteste l'enfermement de la psychologie classique même si je ne réfute aucunement ses apports dans l'évolution de la psychologie en général. Mais lorsque je vois les répétitions et les affirmations dogmatiques de certaines thèses psychanalytiques sur le développement psychique de l'enfant, je me sens révolté. Révolté de ne jamais entendre certains professionnels dire aux parents qu'il s'agit le plus souvent d'hypothèses d'un courant particulier, que beaucoup d'affirmations ne sont pas validées. (Telle personne de renommée se trouve missionnée pour orchestrer des réflexions sur un thème d'éducation, rien n'est dit sur son appartenance... telle émission de radio ou de télévision nous offre tel ou tel psy de service sans jamais prévenir le consommateur : les professionnels que vous voyez appartiennent à telle ou telle « Chapelle »).

Vers une psychologie scientifique

Mais quid de mes hypothèses, me direz-vous ? Même si mes trente années « de terrain » m'ont donné quelques pistes, elles ne sauraient apporter une nouvelle vérité, elles restent des hypothèses. Mon objectif n'était pas de soutenir une nouvelle thèse mais de contester des affirmations courantes en psychologie pour tenter de voir l'éducation sous un angle totalement différent. Oui, je pense que la psychologisation et surtout les dogmes de la psychanalyse infantile inhibent les parents dans leur volonté de bien faire, leur font abandonner un bon sens indispensable en éducation. S'opposer à un certain nombre d'idées reçues en psychologie me paraît être la voie vers une psychologie plus scientifique. C'est possible et je me retrouve pleinement dans les préoccupations, les souhaits, les pratiques, les enseignements et les écrits d'un chercheur comme Van Rillaer[1].

1. *Psychologie de la vie quotidienne*, Paris, Odile Jacob, 2003.

LA PSYCHOLOGIE COGNITIVISTE N'EST PAS « LA » PSYCHOLOGIE !

Quant à ma chapelle « cognitiviste », elle n'est guère choquante puisqu'elle nous incite avant tout à réfuter nos croyances pour un mieux-être émotionnel : accepter les remises en question, les erreurs, les doutes, contester les pensées, les demandes et les exigences dogmatiques. Ne plus être prisonnier de toutes sortes d'assertions me convient bien en tant que psychologue clinicien et psychothérapeute praticien. Il me paraît essentiel de ne pas enfermer nos patients dans les hypothèses toutes faites des carcans dogmatiques. Que vous retrouviez, parents, votre libre arbitre pour mieux éduquer vos enfants était avant tout mon propos, puisse ce manuel non seulement vous guider mais aussi stimuler votre réflexion. Retrouver un bon sens éducatif avant la quête du bon soin est mon leitmotiv. Mais si les comportements difficiles et inadéquats perdurent chez vos enfants, il sera nécessaire de consulter des professionnels de la santé, mais pas avant. (Et vous n'omettrez pas de demander au professionnel sa formation et son obédience !)

Conflictualité et frustration

J'ai souvent évoqué la conflictualité indispensable pour reprendre une autorité parentale à la maison. Personne n'aime ce terme de « conflit », mais j'insiste pour conclure : être conflictuel n'est pas agresser, violenter, c'est tout simplement déplaire, inclure le principe de réalité « en amont » pour éviter l'escalade de l'omnipotence infantile. Être conflictuel, être frustrant c'est ne plus répondre aux émotions, c'est décider, rationnellement et donc consciemment, hors de tout problème majeur, de ce qu'on décide en tant que parent pour que notre enfant ne soit ni roi ni annulé.

Je me rappelle cette synthèse d'une lectrice de *De l'enfant roi à l'enfant tyran* : « J'aime mes enfants mais j'ai compris votre livre : j'interprète moins... je frustre ! » « Aimer » et « Frustrer », ces deux incontournables de l'éducation méritaient bien quelques hypothèses ou recettes !

« Le bon sens consiste à ne se laisser point éblouir par un sentiment ou une idée, si excellents puissent-ils être, jusqu'à perdre de vue tout le reste... » (André Gide, *Journal 1926-1950*.)

Bibliographie

ANDRÉ C., LELORD F., *L'Estime de soi*, Paris, Odile Jacob, 1999.

ANDRÉ C., *Vivre heureux*, Paris, Odile Jacob, 2002.

BANDURA A., *L'Apprentissage social*, Bruxelles, Mardaga, 1976, 206 p.

BERNARD M. et P., *The You Can Do it Book for Parents*, Victoria, 2d. Collin Doves, 1993, 154 p.

BERNARD M. et JOYCE R., *R.E.T. With Childrens and Adolescens*, New York, éd. Wiley, 1984, 489 p.

BRUNET C., SARFAT A. C., *Petits tracas et gros soucis de 1 à 7 ans*, Paris, Albin Michel, Paris, 2002, 394 p.

CANTER L. et CANTER M., *Assertive Discipline for Parents, Harper Collins*, USA, 126 p.

CLARK L., *SOS Help for Parents, Parents Press*, Bowling Green, KY, USA, 254 p., 252 p.

CYRULNIK B., *Un merveilleux malheur*, Paris, Odile Jacob, 1999, 240 p.

CYRULNIK B., *Les Vilains Petits Canards*, Paris, Odile Jacob, 2001, 279 p.

CYRULNIK B., *Le Murmure des fantômes*, Paris, Odile Jacob, 2003, 259 p.

ELLIS A., *Reason and Emotional in Psychotherapy*, New York, Citadel Press, 1962, 441 p.

ELLIS A. et HARPER A., *L'Approche émotivo-rationnelle*, Montréal, éd. de l'Homme, éd. CIM, 1992, 383 p.

GENDREAU G., *L'Intervention psycho-éducative*, Paris, Fleurus, 1978, 317 p.

GEORGE G., *Mon enfant s'oppose*, Paris, Odile Jacob, 2002, 269 p.

GIDE A., *Journal*, Paris, Gallimard, 1997, 1649 p.

GOLEMAN, *L'Intelligence émotionnelle*, Paris, Robert Laffont, 1997, 222 p.

HAHUSSEAU S., *Comment ne pas se gâcher la vie*, Paris, Odile Jacob, Paris, 2003, 217 p.

KAGAN J., *Des idées reçues en psychologie*, Paris, Odile Jacob, 2000.

KANT E., *Réflexions sur l'éducation*, Paris, Vrin, 210 p.

MORAVIA A., *Le Mépris*, Paris, Flammarion Poche.

PEETERS J., *Les Adolescents difficiles et leurs parents*, éd. De Boeck et Belin, 1997, 205 p.

PIAGET J., *Où va l'éducation ?*, coll. « Médiations », Paris, Denoël, 1972, 133 p.

PIAGET J., *Psychologie et Pédagogie*, coll. « Médiations », Paris, Denoël, 1973.

PIAGET J., *Mes Idées*, Paris, Denoël, 1973, 187 p.

PIAGET J., *Le Comportement, moteur de l'éducation*, Paris, Gallimard, coll. « Idées », 1976, 190 p.

PIAGET J. et INHELDER B., *De la logique de l'enfant à la logique de l'adolescent*, Paris, PUF, 1985, 312 p.

PLEUX D. et BERNARD M., « You can do it ! », Programme de motivation pour étudiants, *Guides de l'élève et du maître*, Institut R.E.T., Caen, 1993, 121 p.

REDL et WINEMAN, *L'Enfant agressif*, Paris, Fleurus, 1973, 311 p.

ROUSSEAU J.-J., *Émile ou de l'éducation*, Paris, Flammarion, 629 p.

ROUSSEL L., *L'Enfance oubliée*, Paris, Odile Jacob, 299 p.

RUFO M., SCHILTE C., *Votre ado*, Paris, Hachette, 2003, 448 p.

SERVAN-SCHREIBER D., *Guérir*, Paris, Robert Laffont, coll. « Réponses », 2003.

SKINNER, *L'Analyse expérimentale du comportement*, Bruxelles, Mardaga, 1971, 406 p.

TOCQUEVILLE A. DE, *De la démocratie en Amérique*, tome 1, Michel Lévy frères, 1874, 368 p.

VAN RILLAER J., *Psychologie de la vie quotidienne*, Paris, Odile Jacob, 334 p.
WALLON H., *Les Origines du caractère chez l'enfant*, Paris, PUF, 1949, 301 p.
WALLON H., *L'Évolution psychologique de l'enfant*, Paris, Armand Colin, 1968, 200 p.
WRIGHT R., *L'Animal moral*, Paris, Michalon, 1995, 443 p.
YOUNG J. E. et KLOSKO J. S., *Je réinvente ma vie*, Québec, Les éditions de l'Homme, 1995.

Remerciements

Je remercie

Odile Jacob qui sait toujours m'accueillir,
Christophe André sans qui aucun ouvrage n'aurait existé,
Catherine Meyer qui m'accompagne, me stimule et me régule,
Annick, ma femme, pour sa complicité.

Texte proposé par Christophe André
et publié sous la responsabilité éditoriale
de Catherine Meyer

Table

Imprimé en France sur Presse Offset par

BRODARD & TAUPIN

GROUPE CPI

La Flèche (Sarthe), le 23-05-2006
N° d'impression : 34869
N° d'édition : 7381-1794-X
Dépôt légal : juin 2006
Imprimé en France